Más Cortante Que Una Espada De Dos Filos

Andrew Wommack

A menos que se indique lo contrario, todas las citas bíblicas fueron tomadas de la *versión Reina Valera de la Biblia, revisión* 1960.

Título en inglés: *Sharper Than a Two-Edged Sword*
ISBN: 978-1-60683-657-6

Copyright © 2011 por Andrew Wommack Ministries, Inc.
P.O. Box 3333
Colorado Springs, CO 80934-3333

Traducido por: Citlalli Macy y René M. Tapia
Edición en Español Copyright 2011

ÍNDICE

INTRODUCCIÓN

He estado enseñando el mensaje del amor y de la gracia incondicionales de Dios por más de cuatro décadas. Durante ese tiempo literalmente he creado una biblioteca de materiales didácticos. Es muy probable que muchas personas, cuando se dan cuenta de lo mucho que hay por aprender y estudiar, se sientan abrumadas. Por eso es que escribí este libro y creo que puede convertirse en mi best seller.

Más Cortante que Una Espada de Dos Filos es una compilación y un resumen que contiene dieciséis de las revelaciones más importantes que Dios me ha dado. Cada capítulo trata un tema específico de una manera abreviada, facilitando la manera de ver cómo estas verdades se relacionan y dependen entre sí. Por ejemplo, si tú entiendes el mensaje de la gracia pero no lo has equilibrado con la fe, ninguno de los dos funcionará eficazmente para ti. Por eso escribí el libro *Vivir en el Equilibrio de la Gracia y la Fe.*

Lo mismo se cumple respecto a muchos otros principios y verdades. Cualquiera de éstos podría ser malinterpretado y posiblemente llevado a un extremo si no se cotejan unos con otros. Conforme lees este libro, obtendrás una síntesis que te ayudará a ver cada tema en una perspectiva correcta. Más adelante tú podrás estudiar cada tema a fondo por medio de la lectura del material listado al final de cada capítulo.[1]

La Palabra dice: "Y conoceréis la verdad, y la verdad os hará libres" (Jn. 8:32). Pero solamente la verdad que tú conoces es la que te libera. Cada uno de los dieciséis temas que se tratan en estos capítulos es fundamental para renovar tu mente. Estas ideas te ayudarán a obtener un mejor entendimiento de quién es Dios, lo que Él ha hecho por ti, y de quién eres en Cristo Jesús. Al establecer estas verdades en tu corazón, tú crearás un fundamento firme para madurar en tu relación con Dios, y en esa relación, encontrarás la libertad.

Mi deseo es que las cosas que Dios me ha mostrado y que yo enseño en este libro te ayuden a descubrir que Dios nos ha dado todo lo que necesitamos en relación a la vida y la piedad mediante el conocimiento de Cristo. Por medio de ese conocimiento, se nos dan promesas preciosas y muy grandes, las cuales nos hacen partícipes de la naturaleza divina de Dios (2 P. 1:3-4). Cristo vive en nosotros, y nada es imposible si creemos.

---

[1] N.T. Andrew también ha creado una guía de estudio **(disponible solamente en inglés),** como lo hace con todos sus libros. Está diseñada para ser usada conjuntamente con un DVD de corta duración (como se presentan en la Televisión) sobre cada uno de esos dieciséis temas. Tú puedes pedir la guía de estudio **en inglés** y el DVD también **en inglés** en nuestro sitio de internet: **www.awmi.net,** o llamando a nuestra línea de ayuda: 719-635-1111.

1
EL VERDADERO CRISTIANISMO

Durante la guerra de Vietnam, conocí a muchos hombres que afirmaban que eran ateos. Pero las filosofías de las que estaban tan seguros durante tiempos de seguridad se evaporaban rápidamente cuando el peligro se aproximaba. Tan pronto como las bombas empezaban a caer y las balas a volar, esas mismas personas clamaban a Dios a pleno pulmón. La razón por la que la gente que está enfrentando la muerte clama a Dios, en vez de darse por vencidos, es que de manera intuitiva saben que Él es real—también saben que Él puede salvarlos. No importa cuáles sean los argumentos intelectuales que alguien presente. En el plano del corazón, todos saben que hay un Dios.

Por supuesto, alguien puede afirmar que es ateo o agnóstico y puede decir que no cree en Dios, pero su dicho no es otra cosa que una táctica psicológica. Para esas personas es conveniente decir eso para justificar su manera de vivir, o para llamar la atención, pero en sus corazones conocen la verdad. Todos los seres humanos en algún momento de sus vidas han estado conscientes de que Dios existe. Es posible que endurezcas tu corazón de tal manera que ya no seas sensible a la presencia de Dios, pero Dios se ha revelado a todos los que han nacido (Ro. 1:18-20). Es como si hubiera un dispositivo de seguimiento en el interior de cada persona revelándole constantemente la realidad de Dios, y atrayéndola hacia una relación con Él.

Sin embargo, clamar a Dios en un memento de estrés no significa que tú tengas una relación con Él. Una verdadera relación con Dios consiste en algo más que reconocer mentalmente que Él existe. Jesucristo dijo que no todos los que lo llamen "Señor, Señor" van a entrar al reino del cielo. Muchos van a decir: "Señor, ¿no echamos fuera demonios en tu nombre? ¿No profetizamos en tu nombre y en tu nombre hicimos muchos milagros?" Pero Jesucristo les dirá: "Nunca os conocí, apartaos de mí" (Mt. 7: 21-23). Esas personas afirmaban que conocían a Dios, pero no tenían una relación con Él. Fíjate que Jesucristo no dijo que hubo una época en la que Él los conocía, y que cesaron la relación con Él o que apostataron. No, Él dijo: "**Nunca** os conocí". La gente que clamaba a Dios en esa parábola eran fariseos y nada más. No tenían una verdadera relación con Él.

Los escribas y fariseos de la época de Jesucristo vivían vidas muy santas. Vivían conforme a un estándar muy riguroso de comportamiento exterior, pero solamente era religiosidad. Se vestían de cierta manera; tocaban trompetas cuando daban limosna. Oraban en las esquinas de las calles para que todo el mundo pudiera verlos. Hacían todos esos rituales, pero no conocían al Señor. Jesucristo los llamó hipócritas y sepulcros blanqueados que por fuera se muestran hermosos mas por dentro están llenos de huesos de muertos (Mt. 23:27). Obviamente, no todas las personas que reconocen que Dios es real tienen una relación con Él.

De hecho, las Escrituras dejan esto muy claro en la carta de Santiago, que dice: "¿Tú crees que hay un solo Dios? ¡Magnífico! También los demonios lo creen, y tiemblan" (Stg. 2:19 NVI). Éste es uno de los comentarios más sarcásticos en toda la Biblia. Dice que si crees que hay un Dios, está bien, pero tú no has hecho nada que el diablo no haya hecho. Satanás cree en Dios, sin embargo sabemos que no tiene una buena relación con Él. Satanás no es salvo; él se va a pasar la eternidad en el lago de fuego que fue preparado para él y para sus ángeles (Mt. 25:41 y Ap. 20:10). Ellos serán atormentados día y noche por siempre. El diablo cree en Dios, pero toda su vida y todo lo que él hace está en contra de Dios. Por lo tanto, simplemente creer que Dios existe no te pone en una relación correcta con Él.

Para tener una relación correcta con Dios tú tienes que rendirte ante Él. Tienes que someterte a Él para establecer una relación.

Una noche, un líder religioso que se llamaba Nicodemo fue a ver a Jesús para hacerle algunas preguntas sobre las cosas que Él estaba enseñando. Nicodemo no quería hablar con Jesucristo abiertamente durante el día por la crítica que podría recibir, pero como su corazón era sincero buscó a Jesucristo de noche. Él estaba en un conflicto porque vio la unción de Dios en los milagros que Jesucristo estaba haciendo, pero Jesucristo mismo se oponía a todo aquello que el sistema religioso de aquel tiempo le estaba enseñando a la gente. Después de que Nicodemo cuestionó a Jesús, Él contestó:

De cierto, de cierto te digo, que el que no naciere de nuevo, no puede ver el reino de Dios.

JUAN 3:3

Ésa es una declaración asombrosa, y Nicodemo se sintió abrumado. Él le preguntó a Jesucristo: "¿Cómo puede un hombre nacer siendo viejo? ¿Puede acaso entrar por segunda vez en el vientre de su madre, y nacer?" (Jn. 3:4). Nicodemo estaba pensando en un nacimiento físico, pero Jesucristo continuó diciendo,

> *De cierto, de cierto te digo, que el que no naciere de agua y del Espíritu, no puede entrar en el reino de Dios.*
>
> **JUAN 3:5**

Algunos discuten acerca del significado de "nacer de agua", pero yo creo que es una referencia al nacimiento natural. Cuando de una mujer que está a punto de dar a luz se dice que "se le rompió la bolsa de aguas", lo que quiere darse a entender es que el líquido amniótico que cubre al bebé en la matriz se ha derramado para la preparación del nacimiento. Este versículo está diciendo que a menos que tengas un nacimiento natural— cuando naciste en agua—y más adelante un segundo nacimiento—cuando eres nacido del Espíritu de Dios, no puedes entrar en el reino de Dios. Experimentar el segundo nacimiento es lo que llamamos ser "vuelto a nacer". Por lo tanto, así como la gente tiene que nacer físicamente para existir en este mundo, así mismo tú tienes que volver a nacer del Espíritu para entrar al reino de Dios. Es más, algunas traducciones de la Biblia de hecho traducen la expresión *"nacer de agua"* como *"nacer del cielo"* o *"nacer de Dios"*.

Cuando Dios creó a Adán, Él formó su cuerpo y después sopló en él aliento de vida (Gn 2:7). La misma palabra hebrea que se traduce como "aliento" es la palabra que se tomó como "espíritu" en todo el Antiguo Testamento. En otras palabras, cuando Dios sopló en el hombre, literalmente puso Su Espíritu en él. El Nuevo Testamento también confirma que es el Espíritu el que le da vida al cuerpo (Stg. 2:26). Estoy seguro que si hubiéramos podido ver el cuerpo físico de Adán antes de que Dios soplara aliento de vida en él, habría tenido la apariencia que tiene nuestro cuerpo físico. Pero no había vida en su cuerpo hasta que Dios puso Su Espíritu en él.

Tu Espíritu es la parte dadora de vida de tu ser. La mayor parte de la sociedad se está perdiendo de lo que la vida es en realidad porque su enfoque está en algo inadecuado. Le ponen toda la atención al cuerpo complaciendo y tratando de satisfacer cada apetito y emoción que se les presenta. El cuerpo no es lo más importante de la vida. El Espíritu es la parte real, parte dadora de vida de una persona—ésa es la razón por la cual alguien puede tener dinero, fama, y posesiones inimaginables y aun así sentirse miserable. Es por eso que la gente se entrega a las drogas y otras adicciones. Están tratando de encontrar la vida y la felicidad en la carne, sin darse cuenta de que lo que están buscando solamente viene a través del espíritu.

Cuando el hombre fue creado, su espíritu estaba vivo porque era nacido de Dios, pero el Espíritu del hombre murió cuando éste pecó. El Señor le dijo a Adán que el día que él comiera del fruto del árbol del conocimiento del bien y del mal ciertamente moriría (Gn. 2:17). Sin embargo Eva y Adán vivieron por cientos de años después de que comieron del árbol, por lo tanto no fue la muerte física de lo que Dios estaba hablando. Ellos murieron espiritualmente cuando pecaron, no físicamente.

La palabra "muerte" ha tomado varios significados para diferentes personas. Algunas personas interpretan la muerte como dejar de existir, pero en realidad tú **nunca** dejas de existir. Aunque el cuerpo físico muere y al final se descompone, nuestro espíritu y nuestra alma se van con el Señor. También tenemos una promesa de que Dios un día resucitará nuestros cuerpos, y que nuestros cuerpos se reunirán con nuestro espíritu y con nuestra alma (1 Co. 15). La mente natural piensa respecto a la muerte como si fuera el fin, pero la Biblia enseña que no hay fin.

Con base en las Escrituras, la muerte significa separación. Cuando Adán pecó, él murió espiritualmente. Su espíritu no cesó de existir, pero fue separado de Dios. Él ya no tenía la vida de Dios dentro de sí. Originalmente, los seres humanos fueron creados para ser dependientes de Dios (Jer. 10:23). Nosotros estábamos en unión con Él. Sin embargo, el pecado causó una separación, y el espíritu que estaba en nuestro interior murió. Después de que el pecado entró al mundo, quedamos bajo el control de nuestra propia sabiduría. La naturaleza del hombre se dejó dominar y controlar por el diablo. Se hizo codiciosa, egoísta, llena de odio y desdicha. La naturaleza de pecado presente en el hombre implica que el sufrimiento, el dolor, y las influencias negativas no se originan de una fuente exterior; provienen del interior.

Después de que Eva y Adán pecaron, empezaron a producir hijos, y le pasaron su naturaleza pecadora a toda persona que ha nacido de la carne—lo cual excluye a Jesucristo. Jesucristo nació de una virgen (Is. 7:14 y Lc. 1:26-38). Él no obtuvo su vida por medio del hombre. Él recibió un cuerpo físico por medio de una mujer, pero Su vida vino directamente de Dios. Así que, con la excepción de Jesucristo, toda persona que ha nacido en esta tierra ha nacido en pecado con una naturaleza que está separada de Dios y que es corrompida. Esto explica por qué Jesucristo dijo que debes "volver a nacer"; es porque el espíritu de cada persona que **no** ha aceptado a Jesucristo como su Señor todavía está muerto.

La separación del hombre de Dios no tiene que ver con acciones personales, ni con pecados; tus acciones de pecado son el resultado de tu naturaleza de pecado. Tú no tienes que enseñarle a un niño a hacer cosas malas; él o ella las hará de manera natural. Los pecados que cometemos no nos dan una naturaleza de pecado. Es al revés: la naturaleza de pecado con la que nacemos hace que pequemos. El apóstol Pablo escribió:

Por tanto, como el pecado entró en el mundo por un hombre, y por el pecado la muerte, así la muerte pasó a todos los hombres, por cuanto todos pecaron.

ROMANOS 5:12

El verdadero Cristianismo no es la modificación del comportamiento. No es simplemente aprender a controlar tus acciones. No es posible comportarse perfectamente, y además Dios no usa parámetros de comparación, así que no puedes vivir mejor que alguien más y por medio de eso ganar tu salvación. O tienes que ser perfecto, o tienes que confiar en un Salvador que sea perfecto en tu lugar. No hay otra opción. Aunque tú pudieras comportarte perfectamente de aquí en adelante, eso no cambiaría el hecho de que tú pecaste en el pasado. La mayoría de la gente piensa que Dios tiene una balanza en la cual Él pesará sus buenas acciones en contra de sus malas acciones, y si las buenas acciones pesan más que las malas, entonces los aceptará. Eso no es lo que las Escrituras enseñan. La salvación no es el resultado de hacer cosas buenas ni de vivir una vida buena.

La Biblia dice que "todos pecaron, y están destituidos de la gloria de Dios" (Ro. 3:23). Dios no nos está pidiendo que cumplamos con un estándar mínimo de santidad. Él creó al hombre para que fuera perfecto, y todos nosotros hemos pecado y nos hemos quedado por debajo de ese estándar. Jesucristo es la perfecta representación del perfecto estándar de Dios, y ninguno de nosotros cumple con ese estándar. El pago por el pecado que hemos cometido es la muerte. Alguien tiene que pagar, y tú no puedes pagar por tus propios pecados, así que Dios nos envió un Salvador.

Porque la paga del pecado es muerte, mas la dádiva de Dios es vida eterna en Cristo Jesús Señor nuestro.

ROMANOS 6:23

Aquí es donde el verdadero Cristianismo y el Cristianismo farisaico, o cualquier otra religión, divergen. La mayoría de las religiones enseñan que hay un ser supremo que creó todas las cosas, y que Él es un Dios que está enojado. Para apaciguar a este Dios que está enojado y superar la ira que siente en contra de ti por tus pecados, tú debes prometer que vas a portarte correctamente y que vas a sacrificarte. En cierto sentido, esas religiones ponen la carga de la salvación en tus espaldas; es decir, depende totalmente de ti que puedas o no ganar la salvación.

Una de cada dos de las grandes religiones, e inclusive una gran parte de lo que se llama Cristianismo, están predicando que tienes que obtener una relación con Dios por medio de ser una buena persona. Aquí estoy haciendo una distinción porque no todo aquel que afirma ser Cristiano es un Cristiano verdadero. El verdadero Cristianismo enseña que nunca podríamos pagar la deuda que tenemos por el pecado, y que por lo tanto Dios mismo se hizo hombre y pagó la deuda por nosotros.

Jesucristo era Dios en la carne (1 Tim. 3:16), y vivió una vida sin pecado (1 P. 2:21-22). Él obtuvo relación con el Padre por medio de su propia virtud. Aunque Jesucristo no había hecho nada malo, a Él lo mataron en la cruz y sufrió por nuestros pecados. Él tomó nuestro castigo. Él se sacrificó a Sí mismo por nosotros. La ira de Dios en contra del pecado cayó sobre Jesucristo, y Él satisfizo por siempre la ira de Dios en contra del pecado de la raza humana. Jesucristo ha pagado por **todo** el pecado por **siempre**, y es por eso que tú y yo podemos tener vida eterna. No por ser buenos, no porque nosotros mismos la ganemos, sino porque aceptamos recibir la salvación por la cual Jesucristo pagó. Las Escrituras dicen:

> *Porque de tal manera amó Dios al mundo, que ha dado a su Hijo unigénito, para que todo aquel que en él cree, no se pierda, mas tenga vida eterna.*

JUAN 3:16

Jesucristo ya pagó por tus pecados. El pecado y lo bueno que has sido no son el asunto. Solamente hay un pecado que te separa de Dios, y éste es abstenerse de creer en Jesucristo (Jn. 16:9). La salvación se reduce a una cosa: ¿aceptarás lo que Jesucristo ha hecho por ti?

El Cristianismo falso, y las religiones falsas, enseñan que tú tienes que tratar de mantener tu propia virtud y así de alguna manera merecer la relación con Dios; pero eso no puede lograrse. Imagínate la ocasión cuando te presentes ante Dios. Si Él te pregunta: "¿Por qué debería aceptarte en el cielo en vez de enviarte al infierno por toda la eternidad?" ¿Qué vas a contestar? ¿Yo fui una buena persona? ¿Usé un hábito? ¿Asistí a la iglesia y pagué mis diezmos? ¿Leí la Biblia y traté de ser tan santo como pude? Cualquiera de esas respuestas hará que seas rechazado y enviado al infierno. La única respuesta correcta es: "Puse mi fe en Jesucristo". A lo mejor tú viviste una vida virtuosa, pero sin Jesucristo no puedes ser salvo. ¿Y quién quiere ser el mejor pecador que se haya ido al infierno?

Si compareces ante Dios y tratas de abogar por ti con base en tu propia bondad, te vas a quedar corto. Todos hemos pecado y estamos destituidos de la gloria de Dios. Lo único que puede hacerte merecedor de entrar al cielo es que Jesucristo pagó por tus pecados, y que tú has sostenido que Él es tu Señor y Salvador. Tú tienes que poner tu fe en la bondad de Dios por medio de Jesucristo. Cualquiera que confía en Jesucristo obtendrá una relación correcta con Dios. Cualquiera que trate de confiar en su propia bondad nunca podrá alcanzar el estándar de perfección de Dios. La única manera de tener una relación con Dios es por medio de la fe en Jesucristo.

La relación con Dios es algo que tú recibes; no es algo que ganas. Cuando tú aceptas a Jesucristo, tú cambias en el interior—eres vuelto a nacer del cielo. Ahora bien, el verdadero Cristianismo sí predica que debes vivir una vida buena, pero una vida buena no es la raíz de tu relación con Dios—es el **fruto** de tu relación con Él. Tú empiezas a vivir en santidad como resultado de tener una relación con Dios, no como un medio para obtenerla. Ésas son distinciones muy sutiles, pero la diferencia es profunda, y es lo que distingue al verdadero Cristianismo de cualquier otra religión de este mundo.

La salvación y la vida eterna se reducen a Jesucristo. Algunas personas tratan de decir que Jesucristo fue un gran ejemplo de amor, pero que Él solamente es un camino a

Dios. Jesucristo no es **un** camino; Él es el **único camino** al Padre. La Biblia dice:

En ningún otro hay salvación; porque no hay otro nombre bajo el cielo, dado a los hombres, en que podamos ser salvos.

HECHOS 4:12

Jesucristo dijo de Sí mismo: "Yo soy el camino, y la verdad, y la vida; nadie viene al Padre, sino por mí". (Jn. 14:6). Jesucristo proclamó de Sí mismo que Él era en realidad el único camino; así que o Él es quien afirmó ser, o era un mentiroso y un charlatán. No hay otras opciones. Tú no puedes considerar a Jesucristo nada más como a un buen hombre. O Él es Dios, o era un mentiroso.

Mi testimonio, y el testimonio de muchos otros, es que Jesucristo es el Señor. Él es exactamente quien dijo que era: el Hijo de Dios. Los milagros que Él hizo, las profecías que cumplió y el testimonio de Dios el Padre, todo eso comprueba que Jesucristo es nuestro Salvador. Jesucristo es real, y Él está vivo. Él cambió mi vida, y puede cambiar la tuya. Tú puedes conocer a Jesucristo como tu Salvador personal y ser vuelto a nacer hoy mismo.

La Palabra dice que si confiesas con tu boca que Jesucristo es el Señor, y crees con tu corazón que Dios lo resucitó de entre los muertos, serás salvo (Rm. 10:9). Date cuenta de que tiene que ser algo más que solamente una decisión interna. Jesucristo dijo que cualquiera que lo reconozca delante de los hombres, Él lo reconocerá ante el Padre. Pero a cualquiera que lo niegue delante de los hombres, Él lo negará delante del Padre (Mt. 10:32-33). Recibir la salvación tiene que ser tan real que lo vivas, y lo compartas con otras personas.

Optar por recibir a Jesucristo como tu salvador y ser vuelto a nacer del cielo es la decisión más importante que jamás hayas tomado. Todo lo que vemos en este mundo va a pasar, pero aquellos que conocen a Jesucristo como Señor nunca morirán (Jn. 11:25-26). Si te has dado cuenta de lo que la verdadera salvación es, y estás listo para recibirla, entonces ora en voz alta y tú serás vuelto a nacer. Es así de simple.

> **"Padre, estoy arrepentido de mis pecados. Yo creo que Jesucristo murió para perdonar mi pecado, y yo recibo ese perdón. Jesucristo te hago mi Señor. Yo creo que Tú estás vivo y que ahora vives dentro de mí. Soy salvo. Dios me ha perdonado. ¡Gracias, Jesucristo!"**

Si hiciste esta oración y la creíste en tu corazón, ¡entonces eres vuelto a nacer! Quizá te ves igual en el exterior, pero eres una persona totalmente nueva. Tu espíritu ahora está vivo con la vida de Dios. Tú has sido liberado de los poderes de las tinieblas, y trasladado al reino del amado hijo de Dios.

Ser vuelto a nacer es más que simplemente irte al cielo cuando mueras. Jesucristo murió para darte la vida eterna, y la vida eterna es tener una relación con Dios—una relación que empieza en el momento en que vuelves a nacer (Jn. 17:3). Ahora que eres vuelto a nacer es esencial que conozcas tu nueva identidad en Cristo para que puedas vivir en victoria y cumplir con el plan que Dios tiene para tu vida. Dios desea derramar su bendición sobre ti, pero tú tienes que saber cómo cooperar con Él para que recibas todo lo que Él tiene para ti. Así que, no te detengas aquí; hay mucho más por aprender. Mientras tanto, ve y platica con alguien sobre la decisión que tomaste.[i]

---

[i] Si tomaste la decisión de recibir a Jesucristo, o si tienes alguna pregunta, nos gustaría que nos contactaras. Mándanos un correo electrónico: awommack@aol.com

Materiales complementarios en Español:

1. *El Nuevo Tú y El Espíritu Santo* es un libro de Andrew Wommack (también disponible en inglés) que trata de lo que sucedió cuando recibiste a Jesucristo como tu Salvador, y explica cómo el Espíritu Santo es la clave para vivir la vida abundante que Jesucristo proveyó por medio de Su muerte y Su resurrección. Puedes obtener una copia en nuestra tienda en línea http://www.awmi.net/store/usa/foreign_books/734

2. *El Cambio sin Esfuerzo* es un libro de Andrew Wommack (también disponible en inglés) que revela cómo el poder de la Palabra de Dios produce un cambio sin esfuerzo. Puedes obtener una copia en nuestra tienda en línea http://www.awmi.net/store/usa/foreign_books/742

Materiales Complementarios en Inglés:

1. *The New You* es un estudio de dos partes en audio disponible para escucharlo o bajarlo gratuitamente en http://www.awmi.net/extra/audio/1039

2. *"Eternal Life"* es un estudio en audio disponible para escucharlo o bajarlo gratuitamente en http://www.awmi.net/extra/audio/k60

3. *A Sure Foundation* es un resumen de los primeros cuatro estudios que Andrew enseña en *Charis Bible College* en Colorado. Es un estudio de cuatro partes en audio disponible para escucharlo o bajarlo gratuitamente en http://www.awmi.net/extra/audio/1034

2
EL ESPÍRITU SANTO

El Espíritu Santo no es un fantasma, pero con frecuencia pasa desapercibido en las iglesias hoy en día. Muy a menudo, se le excluye totalmente de la enseñanza de la iglesia—como si solamente las personas que quieren llegar a ser Cristianos verdaderamente maduros fueran las que necesitan conocerlo. Necesitamos reconocer que el Espíritu Santo es una parte fundacional en nuestras vidas como Cristianos. Jesucristo les dijo a sus discípulos que no se fueran a ningún lugar, y que no dijeran nada, sino hasta que el Espíritu Santo viniera. Piensa al respecto. La muerte y resurrección de Jesucristo era la noticia más grandiosa que el mundo había recibido, pero Él le dijo a los discípulos que no se lo dijeran a nadie hasta que hubieran recibido el poder del Espíritu Santo. El Espíritu Santo es el que nos da poder para vivir la vida Cristiana. No podemos vivir sin Él, y no deberíamos intentarlo.

Jesucristo mismo no comenzó Su ministerio público hasta que recibió una unción del Espíritu Santo, aun cuando Jesucristo era Dios desde Su nacimiento. Los ángeles cantaron: "Gloria a Dios en las alturas", y lo llamaron "Cristo el Señor" (Lc. 2:11,14). Jesucristo no se convirtió en Dios por medio de algún proceso de maduración. Él nació siendo Dios. Sin embargo Jesucristo no comenzó su ministerio hasta que Él recibió el Espíritu Santo (Mt. 3:16-17). Y la Biblia no menciona ni un solo milagro en Su vida hasta después de ese suceso. Si Jesucristo necesitó el poder del Espíritu Santo antes de empezar a ministrar, y si Él les dijo a sus discípulos que no ministraran sin el poder del Espíritu Santo, entonces ¿no es mucha arrogancia de nuestra parte creer que podemos lograr cualquier cosa con nuestra propia fuerza?

Necesitamos que el poder del Espíritu Santo esté viviendo en nosotros, inspirándonos, y ungiendo las palabras que comunicamos. Sin embargo, hoy hay multitudes que dicen ser Cristianos que han relegado el poder del Espíritu Santo a un segundo plano. Han dejado al Espíritu Santo por un lado y han decidido que Él no es importante. Ni siquiera quieren hablar de Él. La razón por la que tenemos tanta gente que comunica palabras de la Biblia pero no ve resultados, es que no tienen el poder del Espíritu Santo dentro de ellos. Esas personas no han recibido el bautismo en el Espíritu Santo.

Después de Su resurrección, Jesucristo les ordenó a sus discípulos que no se fueran de Jerusalén hasta que hubieran recibido el poder del Espíritu Santo (Hch. 1:4-5). Su última instrucción para ellos antes de que fuera recibido arriba en el cielo fue:

> *Y estando juntos, les mandó que no se fueran de Jerusalén, sino que esperasen la promesa del Padre, la cual, les dijo, oísteis de mí. Porque Juan ciertamente bautizó con agua, mas vosotros seréis bautizados con el Espíritu Santo dentro de no muchos días.*
>
> **HECHOS 1:4-5**

Después de que Jesucristo les habló del Espíritu Santo, los cielos se abrieron y lo recibieron, por lo que los apóstoles no pudieron verlo más. El solo hecho de darse cuenta de que estas eran las últimas palabras de Jesucristo les atribuye una importancia capital. Nosotros valoramos las últimas palabras de alguien porque es la última oportunidad para que él o ella digan algo importante. Es por eso que la gente pone especial atención a las últimas palabras de hombres y mujeres que tienen posiciones de liderazgo, como los ministros, los hombres de negocios, y los políticos.

Jesucristo estaba a punto de poner el futuro de Su reino en manos de los discípulos. Ellos iban a ser los responsables de comunicarle al mundo las buenas nuevas y de presentar el plan de salvación de Dios. Él estaba a punto de dejar en sus manos todo aquello por lo que Él había trabajado y sufrido. Las últimas palabras de Jesucristo para ellos desde luego fueron importantes. Él dijo:

> *Pero recibiréis poder, cuando haya venido sobre vosotros el Espíritu Santo, y me seréis testigos en Jerusalén, en toda Judea, en Samaria, y hasta lo último de la tierra.*

> **HECHOS 1:8**

El cumplimiento de la promesa de recibir el poder del Espíritu Santo se dio el día de Pentecostés. En ese día, "fueron todos llenos del Espíritu Santo, y comenzaron a hablar en otras lenguas, según el Espíritu les daba que hablasen" (Hch. 2:4). Podríamos decir que lo que estaban haciendo era hablar, u orar, en lenguas. Hablar en lenguas se ha convertido en un tema controversial y hay muchas ideas equivocadas al respecto. Específicamente, algunas personas argumentan que el bautismo en el Espíritu Santo evidenciado con el hablar en lenguas no es un don que Dios les da a los creyentes hoy. Esas personas piensan que dicho don fue algo que Dios les dio solamente a los creyentes de la iglesia primitiva. Yo no estoy de acuerdo, y pienso que el poner las últimas palabras de Jesucristo en este contexto mostrará que hablar en lenguas es un don para nosotros hoy en día.

Después de Su muerte y resurrección, Jesucristo se apareció a Sus discípulos en varias ocasiones. La primera vez que se les apareció, Tomás, uno de los discípulos, no estaba presente. Los otros discípulos le dijeron a Tomás que Jesucristo había resucitado de entre los muertos, pero Tomás no les creyó. Él dijo: "Si no viere en sus manos la señal de los clavos, y metiere mi dedo en el lugar de los clavos, y metiere mi mano en su costado, no creeré" (Jn. 20:25). Ocho días después, todos los discípulos se habían reunido y Tomás estaba con ellos. Jesucristo se apareció en medio de ellos y le dijo a Tomás: "Pon aquí tu dedo, y mira mis manos; y acerca tu mano, y métela en mi costado; y no seas incrédulo, sino creyente". Entonces Jesucristo comentó que Tomás creyó porque vio, pero que bienaventurados son los que no vieron, y creen. Al escuchar esto, Tomás le contestó a Jesucristo y dijo: "Señor mío, y Dios mío" (Jn. 20:25-28).

Sabemos con base en las Escrituras que todo lo que se requiere para ser vuelto a nacer es confesar con tu boca que Jesucristo es el Señor y creer en tu corazón que Dios lo levantó de entre los muertos (Ro. 10:9-10). Tomás confesó que Jesucristo es el Señor y Jesucristo comentó que Tomás sí creía, por lo tanto podemos concluir que Tomás era vuelto a nacer. Sin embargo Tomás era uno de los once discípulos a los que Jesucristo les dijo que esperaran hasta que el Espíritu Santo fuera dado, así que ser vuelto a nacer y recibir al Espíritu Santo no pueden ser la misma experiencia.

He escuchado a gente que trata de evadir esos versículos al afirmar que ésta era una circunstancia especial porque todavía no se le había dado el Espíritu Santo a nadie. Ahora bien, esas gentes sostienen que todas las personas obtienen todo el poder y toda la presencia del Espíritu Santo que se puede obtener cuando son vueltos a nacer. Pero el libro de Hechos está lleno de ejemplos que muestran que ser vuelto a nacer y el bautismo del Espíritu Santo continuaron siendo experiencias distintas mucho tiempo después del día de Pentecostés.

En una ocasión, Felipe predicó en las ciudades de Samaria y toda la ciudad creyó en Jesucristo (Hch. 8:4-8). Durante ese tiempo, Felipe realizó muchos milagros, y hubo un gran avivamiento en esa ciudad. Pero luego el relato dice:

Cuando los apóstoles que estaban en Jerusalén oyeron que Samaria había recibido la palabra de Dios, enviaron allá a Pedro y a Juan; los cuales, habiendo venido, oraron por ellos para que recibiesen el Espíritu Santo; porque aún no había descendido sobre ninguno de ellos, sino que solamente habían sido bautizados en el nombre de Jesús. Entonces les imponían las manos, y recibían el Espíritu Santo.

HECHOS 8:14-17

Estos versículos dejan claro que los Samaritanos eran vueltos a nacer. También eran bautizados en agua, lo cual las Escrituras dicen que sólo se puede hacer después de ser salvo (Hch. 8:36-37). Felipe no los habría bautizado a menos que ya hubieran creído y se hubieran convertido. Es claro que, esas personas habían vuelto a nacer. Por lo tanto, ya eran Cristianos, pero todavía no habían recibido al Espíritu Santo. Los apóstoles fueron a su ciudad y oraron por ellos para que recibieran al Espíritu Santo **después** de su experiencia inicial del nuevo nacimiento.

La misma situación se registra cuando el apóstol Pablo encontró a algunas personas que ya eran discípulas pero que no estaban llenas del Espíritu Santo (Hch. 19:1-10). Cuando Pablo les preguntó si habían recibido al Espíritu Santo cuando creyeron, ellos contestaron: "Ni siquiera sabemos si hay Espíritu Santo". Hoy en día hay gente por todo el mundo en iglesias de diferentes denominaciones que podrían decir lo mismo. Pabló oró por esos hombres y ellos recibieron el Espíritu Santo y hablaron en lenguas.

El bautismo en el Espíritu Santo es una experiencia distinta de la salvación. Es un segundo encuentro con Dios en el que tú recibes poder de lo alto. Hay como unos doce casos registrados en el libro de los Hechos donde la gente recibió el bautismo en el Espíritu Santo, y en cada una de esas situaciones hablaron en lenguas. No hablaron en lenguas algunas veces o la mayoría de las veces; hablaron en lenguas **todo** el tiempo.

Hablar en lenguas es un don válido para el día de hoy, y acompaña la acción de recibir el bautismo en el Espíritu Santo. Si tú no hablas en lenguas, quizá tus creencias están impidiendo que lo hagas, o no has recibido el bautismo en el Espíritu Santo. Yo recibí al Espíritu Santo unos diez años después de que fui vuelto a nacer, pero me tardé otros tres años para hablar en lenguas. Yo quería hablar en lenguas y había orado por eso, pero había recibido tanta enseñanza en contra de hablar en lenguas que no podía hacerlo. Tenía mucho miedo e incredulidad acumulados en mí. Me tardé algo de tiempo para renovar mi mente por medio de la Palabra de Dios y para deshacerme de la incredulidad.

Estoy mencionando esto para mostrar que es posible ser vuelto a nacer y haber tenido un encuentro con el Espíritu Santo, y aun así no hablar en lenguas. Si tú has tenido un encuentro con el Espíritu Santo pero no hablas en lenguas es porque te han enseñado algo que te lo está impidiendo. La capacidad para hablar en lenguas es importante en la vida de los creyentes, y es un don de Dios que necesitamos hoy.

Otra idea equivocada común es que todos los milagros y dones del Espíritu Santo, como hablar en lenguas, cesaron cuando los apóstoles murieron. Este argumento sostiene que Dios solamente usó los milagros para confirmar Su Palabra hasta que la Biblia estuvo completa, pero como ahora ya tenemos la Biblia no necesitamos los milagros ni el Bautismo en el Espíritu Santo. Es un malentendido que procede de una interpretación incorrecta de algo que el apóstol Pablo escribió en su primera carta a los Corintios:

El amor nunca deja de ser; pero las profecías se acabarán, y cesarán las lenguas, y la ciencia acabará. Porque en parte conocemos, y en parte profetizamos; mas cuando venga lo perfecto, entonces lo que es en parte se acabará.

1 CORINTIOS 13:8-10

Estos versículos declaran que habrá un tiempo en que las profecías cesarán, las lenguas cesarán, y la ciencia se acabará. Por supuesto, ese tiempo ciertamente vendrá— pero ¿cuándo? Los oponentes de hablar en lenguas creen que ese tiempo ya llegó. Citan los versículos que dicen "cuando venga lo perfecto" y creen que eso se está refiriendo a la Biblia. Por lo tanto, concluyen; las profecías y las lenguas ya no existen.

La Biblia es perfecta, pero yo no creo que el apóstol Pablo se estaba refiriendo a la Bilbia en este pasaje de las Escrituras. El mismo pasaje también dice que cuando las lenguas y las profecías se acaben, la ciencia también desaparecerá—pero la ciencia todavía no ha desparecido. De hecho, hay una profecía en el Antiguo Testamento que dice que el conocimiento se incrementará en los tiempos finales (Dn. 12:4). Hoy, puedes ver alrededor y darte cuenta de que hay un incremento exponencial de conocimiento en el mundo. El conocimiento acumulado de la humanidad en relación al universo, la biología, y la tecnología está creciendo a un paso muy rápido, por lo tanto es evidente que la ciencia todavía no ha dejado de existir.

No solamente dejará de existir la ciencia después de que venga "lo perfecto", las Escrituras también dicen que veremos a Dios cara a cara.

Cuando yo era niño, hablaba como niño, pensaba como niño, juzgaba como niño; mas cuando ya fui hombre, dejé lo que era de niño. Ahora vemos por espejo, oscuramente; mas entonces veremos cara a cara. Ahora conozco en parte; pero entonces conoceré como fui conocido.

1 CORINTIOS 13:11-12

Ahora vemos turbiamente, como si fuera a través de un vidrio obscuro, "pero entonces" (cuando lo perfecto haya venido) veremos claramente, cara a cara. Obviamente, todavía no hemos llegado a ver a Dios cara a cara. No estoy diciendo que Dios no podría aparecérsele a alguien, pero ésta es una afirmación global que quiere decir que todo el mundo lo verá a Él cara a cara. Está hablando de la parusía, o de nuestra reunión con Él. Cuando veamos al Señor cara a cara será cuando "venga lo perfecto".

Las Escrituras también dicen que cuando venga lo perfecto entonces conoceremos como fuimos conocidos. Dios nos conoce perfectamente, pero nosotros no conocemos todo perfectamente en este momento.

Las cosas que estos versículos dicen que sucederán al mismo tiempo que las profecías y las lenguas desaparezcan, todavía no han sucedido. El conocimiento no ha dejado de existir, no hemos visto a Dios cara a cara, y todavía no conocemos todo perfectamente como lo haremos en la eternidad. No puedes usar estos versículos para decir que el hablar en lenguas ha dejado de tener vigencia e ignorar todo lo demás que se supone que debe suceder al mismo tiempo. Es obvio que lo referente a "cuando venga lo perfecto" que aquí se menciona todavía no ha ocurrido.

Yo creo que la frase "cuando venga lo perfecto" se refiere a nuestro cuerpo glorificado. Orar en lenguas solamente nos ayuda mientras estemos en este cuerpo físico y tengamos la limitación de una mente que no está totalmente renovada. Tú espíritu está orando cuando tú hablas en lenguas, y el Espíritu Santo puede orar a través de ti (Ro. 8:26). Tú estás hablando misterios en el espíritu y edificándote a ti mismo (1 Co. 14:2,4). Hablar en lenguas pasa por alto la incredulidad que está en tu cerebro, y te permite hablar directamente con Dios. Es trascendental, pero solamente es para esta vida.

Cuando recibamos nuestros cuerpos glorificados no tendremos la debilidad de no saber algo. En ese tiempo, conoceremos todas las cosas como somos conocidos. Sabremos cómo orar perfectamente. Veremos a Dios cara a cara, y ya nunca más necesitaremos hablar en lenguas. Pero hasta que nuestros cuerpos glorificados vengan, y nuestras mentes sean completamente renovadas, necesitamos los dones del Espíritu Santo. Necesitamos la presencia y el poder del Espíritu Santo en nuestras vidas, y específicamente el poder de hablar en lenguas.

Cualquier persona que ha vuelto a nacer pero que no tiene el poder del Espíritu Santo necesita recibirlo. Tú no puedes vivir la vida que Dios quiere que vivas sin el bautismo en el Espíritu Santo y sin hablar en lenguas; es el poder de Dios para vivir la vida Cristiana. Hay mucho respecto a orar en lenguas que no puedo abarcar en esta breve sinopsis, pero yo te garantizo que el bautismo en el Espíritu Santo y hablar en lenguas producirán un cambio radical en tu relación con Dios. La Palabra de Dios se vivificará, y tú empezarás a ver y a comprender cosas que con anterioridad no habías percibido. Necesitas esta capacidad.

La buena nueva es que Dios quiere que tú tengas el bautismo en el Espíritu Santo y que hables en lenguas más de lo que lo haces. Jesucristo dijo:

> *Suponed que a uno de vosotros que es padre, su hijo le pide pan; ¿acaso le dará una piedra? O si le pide un pescado; ¿acaso le dará una serpiente en lugar del pescado? O si le pide un huevo; ¿acaso le dará un escorpión? Pues si vosotros siendo malos, sabéis dar buenas dádivas a vuestros hijos, ¿cuánto más vuestro*

*Padre celestial dará el Espíritu Santo a
los que se lo pidan?*

LUCAS 11:11-13

Algunas personas enseñan que si tienes pecado en tu vida Dios no te llenará con el Espíritu Santo. Piensan que Dios no llenará una vasija sucia. ¡Quiero que sepas que Dios no tiene ninguna otra clase de vasijas para llenar! Si pudiéramos ser perfectos sin el Espíritu Santo, no lo necesitaríamos. Precisamente el hecho de que no eres perfecto te hace un candidato para ser lleno del Espíritu Santo. Es la voluntad de Dios que todo creyente que es vuelto a nacer sea lleno del Espíritu Santo y que hable en lenguas. Él te creó para llenarte con Su Espíritu, y no hay manera de que Él no lo haga cuando tú se lo pidas. El único requisito para recibir el Espíritu Santo es ser vuelto a nacer. Jesucristo es el que nos bautiza en el Espíritu Santo, así que si no has recibido al Donante, no puedes recibir el Don.

Una de las cosas que me impidió hablar en lenguas inmediatamente después de que fui bautizado en el Espíritu Santo fue que yo no comprendía que yo era el que tenía que hablar. El Espíritu Santo te inspira, pero tú eres el que tiene que hablar:

*Y fueron todos llenos del Espíritu Santo,
y comenzaron a hablar en otras lenguas,
según el Espíritu les daba que hablasen.*

HECHOS 2:4

Así como Dios no hace que la gente reciba la salvación, Él no va a hacer que tú hables en lenguas. El señor no controla los cuerpos de las gentes; así que vas a emplear tu voz y tú eres el que tiene que empezar y el que tiene que poner el alto. No puedes nada más abrir tu boca y esperar a que los sonidos salgan.

Conforme tú empiezas a articular las palabras que el Espíritu Santo te está inspirando para pronunciar, las palabras se darán cada vez con mayor facilidad. No vas a comprender lo que estás diciendo porque la mente natural no puede entender las cosas del Espíritu (1 Co. 2:14), pero tú puedes orar para pedir una interpretación (1 Co.14:13). Obtener una interpretación no significa que tú obtendrás una traducción palabra por palabra de todo lo que hablaste en lenguas. Podría significar que si tú oras en lenguas hoy, algún día en un futuro no muy lejano Dios te dará una palabra de conocimiento o de sabiduría. La única instancia en la que se requiere una interpretación es cuando alguien habla en lenguas en un servicio de la iglesia. Pero no es necesario cuando tú estás hablando en lenguas en privado.

Hablar en lenguas edifica tu fe y saca el poder y el conocimiento que están en tu espíritu. Si tú reconoces que necesitas este don, y ya has sido vuelto a nacer, todo lo que tienes que hacer es pedírselo a Dios y Él te lo dará:

"Padre, te doy gracias porque soy el templo del Espíritu Santo. Espíritu Santo, te invito para que me llenes ahora mismo. Gracias porque me llenas con tu presencia."

Algunas veces la gente siente algo cuando son llenos del Espíritu Santo, otras no. Cuando yo recibí el Espíritu Santo no sentí nada, pero sí lo obtuve. No importa si sentiste algo o no, empieza a hablar en lenguas por fe. Abre tu boca y articula las palabras que el Espíritu Santo está inspirando en tu interior.

Convierte el hablar en lenguas en una práctica cotidiana y ¡empezarás a ver que el poder sobrenatural de Dios se manifiesta en tu vida!

Materiales Complementarios en Español:

1. *El Nuevo Tú y El Espíritu Santo* es un libro de Andrew Wommack (también está disponible en inglés) que trata de lo que sucedió cuando recibiste a Jesucristo como tu Salvador, y explica cómo el Espíritu Santo es la clave para vivir la vida abundante que Jesucristo proveyó por medio de Su muerte y Su resurrección. Puedes obtener una copia en nuestra tienda en línea en http://www.awmi.net/store/usa/foreignbooks/734

Materiales Complementarios en Inglés:

1. *The Holy Spirit* es un estudio de dos partes en audio disponible para escucharlo o bajarlo gratuitamente en http://awmi.net/extra/audio/1040

2. *The Positive Ministry of the Holy Spirit* es un estudio de cuatro partes disponible para escucharlo o bajarlo gratuitamente en http://www.awmi.net/extra/audio/1020

3. *How to Hear God's Voice* es un estudio en audio de tres partes. Es probable que escuchar la voz del Señor sea el elemento más importante para tener una vida Cristiana victoriosa después de ser vuelto a nacer. Esta serie de enseñanzas está disponible para escucharla o bajarla gratuitamente en http://www.awmi.net/extra/audio/1030

4. *How to Flow in the Gifts of the Holy Spirit* es un estudio de audio de tres partes disponible para escucharlo o bajarlo gratuitamente en http://www.awmi.net/extra/audio/1031

3
ESPÍRITU, ALMA, Y CUERPO

Yo fui vuelto a nacer cuando tenía ocho años de edad. Al día siguiente cuando fui a la escuela, mis amigos pudieron notar algo diferente en mí. Fue una conversión genuina, y me cambió. Pero al pasar el tiempo como les sucede a muchos Cristianos, me estanqué en la religión. Caí en la trampa de pensar que yo tenía que hacer algo para ganarme el favor de Dios. Eso me puso en la rutina de tratar de ser lo suficientemente bueno para agradar a Dios y ver que siempre me quedaba corto. Diez años después de que volví a nacer, finalmente llegué al fin de mis fuerzas y experimenté un encuentro trascendental con el Señor.

El 23 de Marzo, de 1968, yo estaba en una reunión de oración un sábado por la noche con unos amigos, cuando de repente Dios retiró un velo y pude ver lo hipócrita que yo era. Me di cuenta de que todas las cosas religiosas que había estado haciendo, las había estado haciendo por mí—tratando de ganar la aprobación de otros y de Dios. Esa noche dejé al descubierto mi interior enfrente de mis mejores amigos, y confesé todos los pecados de los que me pude acordar. En esa ocasión, yo pensé que Dios estaba viendo la verdadera condición de mi corazón por primera vez—que me estaba viendo tal como yo era. Las cosas que yo estaba viendo eran tan feas que pensé que Dios me iba a matar, pero en vez de ira y rechazo yo experimenté un derramamiento de Su amor.

Fue una experiencia que me cambió radicalmente. Por cuatro meses y medio después de esa noche yo estuve atrapado en la presencia de Dios. Fue como si me hubiera trasladado a otro lugar. Había encontrado el amor de Dios, y por primera vez en mi vida, supe que ese hallazgo no tenía absolutamente nada que ver conmigo. Comprendí que sucedió meramente por la gracia de Dios. Tú podrías pensar que después de esa revelación tan trascendental yo podría haber sido feliz para siempre, pero en realidad eso inició un conflicto en mi vida.

Yo experimenté el amor y el gozo de Dios cuando me encontraba en mi peor estado, pero después de cuatro meses y medio, el clímax se extinguió gradualmente. Me quedé tratando de reconciliar lo que sentí en mi corazón con todo lo que siempre había creído en mi cabeza. Siempre me habían enseñado que Dios me amaba con base en lo santo que yo era, sin embargo yo había experimentado algo completamente diferente. Mi experiencia y mi mente entraron en colisión.

La mente es una fuerza que influye en tu vida. La Palabra dice que como un hombre piensa en su corazón así es él (Pr. 23:7). No importa qué encuentros tengas con el Señor, tu manera de pensar determinará cómo se desenvuelve tu vida. Ésta es una de las verdades más grandes en la Biblia, y es importante entenderla.

Yo había experimentado el amor de Dios, pero mi manera de pensar no se renovó instantáneamente. Tú no puedes hacer que una persona te toque con una varita mágica y que transforme tu mente. Aunque las experiencias pueden impactarte, no necesariamente cambian tus creencias. El pensamiento es un proceso sistemático, y tú tienes que renovar tu mente. Tú tienes que cambiar tu manera de pensar. La Biblia dice:

No os conforméis a este siglo, sino transformaos por medio de la renovación de vuestro entendimiento, para que comprobéis cuál sea la buena voluntad de Dios, agradable y perfecta.

ROMANOS 12:2

La palabra "transformaos" se deriva de la misma palabra griega de la que derivamos nuestra palabra española "metamorfosis", que es el proceso por medio del cual un gusano teje un capullo, del que, después de un tiempo, sale una hermosa mariposa. Si tú quieres transformarte de algo reptante en algo hermoso que puede volar, debes renovar tu mente.

Yo experimenté el amor y la misericordia incondicionales de Dios de una manera trascendental, pero mi manera de pensar estaba en un conflicto. Yo necesitaba renovar mi mente. Estoy totalmente convencido de que si Dios no me hubiera mostrado las verdades que voy a compartir contigo, yo habría perdido el tremendo impacto que esa experiencia tuvo en mi vida. En mi opinión, ésa es una de las verdades más fundacionales que tú puedes aprender como Cristiano.

Y el mismo Dios de paz os santifique por completo; y todo vuestro ser, espíritu, alma y cuerpo, sea guardado irreprensible para la venida de nuestro Señor Jesucristo.

1 TESALONICENSES 5:23

Yo podría enseñar muchas cosas sobre este versículo, pero aquí nada más lo voy a usar como un ejemplo de las Escrituras para mostrar que tienes un espíritu, un alma y un cuerpo—tres partes. En la práctica, la mayoría de la gente solamente reconoce el cuerpo y el alma. El cuerpo es algo obvio. Tú puedes ver tu cuerpo, y todos nosotros somos conscientes de cómo son nuestros cuerpos. Sabemos si somos varón o hembra, altos o bajos de estatura. También sabemos que hay una parte interna en nosotros que no es física. Sabemos que las palabras no nos tocan físicamente, pero que éstas pueden tocar nuestro corazón y causar gozo, dolor y otras emociones; ésa es el alma. Todas las personas de manera instintiva comprenden que tienen un cuerpo y un alma porque están conscientes de esas dos características.

Si te pregunto si estás sintiendo algún dolor en tu cuerpo, tú no tienes que orar para contestarme después de un tiempo. Tú sabes cuándo estás sintiendo dolor. De la misma manera si te pregunto cómo te estás sintiendo emocionalmente tú podrías contestarme: feliz o triste, deprimido o motivado. Tú constantemente estás revisando tu cuerpo y tu alma, por lo tanto comprendes esos dos aspectos de tu identidad. Sin embargo de acuerdo a las Escrituras, tú estás compuesto de tres partes—y no solamente dos. Tú tienes un cuerpo, un alma, **y** un espíritu. Pero a diferencia del cuerpo y del alma, nosotros no podemos sentir la parte espíritu de nosotros.

El comprender que tenía un espíritu además de mi cuerpo y de mi alma verdaderamente me impactó porque comprendí que no tenía que sentir algo para que ese algo fuera real en mi espíritu. El espíritu no puede ser percibido por medio de las emociones. Ya sea que lo sintiera o no, Dios me amaba. El Señor dijo:

El espíritu es el que da vida; la carne para nada aprovecha; las palabras que yo os he hablado son espíritu y son vida.

JUAN 6:63

Jesucristo puso más énfasis en el espíritu que en la carne, que es, este último, un término que se refiere a la combinación del alma y el cuerpo. La carne es lo que tú sientes, pero el espíritu es la verdadera parte de ti dadora de vida. Si quieres ver cómo se ve tu cuerpo, puedes darte un vistazo en el espejo, pero no puedes ver en un espejo para ver tu espíritu. Para ver cómo es tu espíritu, tienes que ver en la Palabra de Dios y debes creer lo que dice. No puedes guiarte por lo que sientes.

El espíritu es la parte de ti que ha cambiado completamente, y comprender esto es la clave para una relación fructífera con Dios.

Jesucristo dijo: *"Dios es Espíritu; y los que le adoran, en espíritu y en verdad es necesario que adoren"*. Dios no te está viendo con base en tu cuerpo y tu alma. El verdadero tú no es cómo te ves, o cómo actúas en este mundo. Dios nos está viendo en el espíritu, pero la mayoría de nosotros estamos enfocados en nuestro cuerpo y nuestra alma. La Biblia dice: *"¿Andarán dos juntos, si no estuvieren de acuerdo?"* Tenemos que entrar en acuerdo con Dios y empezar a vernos a nosotros mismos en el espíritu.

De modo que si alguno está en Cristo, nueva criatura es; las cosas viejas pasaron; he aquí todas son hechas nuevas.

2 CORINTIOS 5:17

Después de que eres vuelto a nacer, tú te conviertes en una creación completamente nueva. Es evidente que no es tu cuerpo el que cambia. Si tú eras una mujer antes de que fueras salva, vas a continuar siendo una mujer después de la salvación. Alto, bajo, gordo o delgado, el cuerpo no cambia cuando eres vuelto a nacer. Tampoco el alma se hace completamente nueva. Los rasgos de personalidad pueden cambiar al pasar del tiempo, pero no se transforman instantáneamente cuando vuelves a nacer. Para que los rasgos de personalidad y los estados emocionales cambien tienes que renovar tu mente.

Las Escrituras no dicen que algún día tú serás una nueva creación, o que estás en el proceso de convertirte en una, dicen que tú **eres** una nueva creación. También dicen que todas las cosas son nuevas, y no solamente algunas. El cambio total del que aquí se habla no puede verse en tu cuerpo ni en tu alma (tu parte mental y emocional). De hecho, no puede observarse en el exterior porque la transformación se lleva a cabo en tu espíritu, donde no puedes sentir absolutamente nada. Es tu espíritu lo que se convierte en una obra de Dios completamente nueva cuando eres vuelto a nacer. Nuestros cuerpos y nuestras almas están siendo influenciados por nuestro espíritu vuelto a nacer, pero están en el proceso de cambio. En el espíritu, tú eres una creación completamente nueva. Eres una nueva clase de ser que nunca antes había existido.

Si eres vuelto a nacer, tu espíritu es tan puro, tan justo, y tan santo como lo será por toda la eternidad. Tu espíritu es perfecto; no contiene pecado, insuficiencias, temor, depresión, ni desánimo. No hay nada negativo en tu espíritu. ¡Tu espíritu vuelto a nacer es idéntico a Jesucristo! Yo sé que algunas personas se resisten a eso, pero es lo que la Palabra dice:

En esto se ha perfeccionado el amor en nosotros, para que tengamos confianza en el día del juicio; pues como él es, así somos nosotros en este mundo.

1 JUAN 4:17

Ésta no es una promesa que dice que vamos a ser como Jesucristo en el cielo; dice que somos *en este mundo* como Él es. No es posible comprender este versículo si solamente estás pensando en el cuerpo y en el alma, porque ninguno de ellos es idéntico a Jesucristo. Tenemos una promesa de que un día nosotros tendremos cuerpos incorruptibles y que conoceremos todas las cosas, pero eso no es una realidad aquí y ahora. Tu cuerpo y alma están en el proceso de cambio, pero la culminación de ese proceso no se llevará a cabo hasta que seamos recibidos por el Señor en el aire. La única manera para comprender que tú eres, *ahorita mismo,* como Jesús es, es darte cuenta de que tu espíritu se ha convertido en una nueva creación. Tu espíritu ya fue cambiado, una tercera parte de tu salvación está completa.

Ya sea que tú mueras y te vayas con el Señor, o antes que el Señor regrese y recibamos cuerpos glorificados, tu cuerpo va a ser cambiado. Tu mente también será cambiada. Pero tu espíritu ahora mismo es exactamente igual a como será en la eternidad. Es idéntico a Jesucristo. Como Jesucristo es, así somos nosotros.

Comprender esta verdad cambió mi vida. Hasta que reconocí que mi espíritu había sido hecho nuevo, yo veía mis fallas en mi pensamiento y en mi comportamiento y no podía entender cómo era que Dios podía amarme. Yo tuve una experiencia muy especial con Dios y sabía que Él me amaba, pero me estaba fijando en todas mis fallas.

No siempre actuaba bien, ni decía las cosas correctas, y no podía entender como Dios todopoderoso podía amarme o usarme. El problema era que yo estaba poniendo mi atención en la carne, pero Dios estaba viendo mi espíritu (Jn. 4:24). Dios nos acepta con base en lo que Él hizo en nuestros espíritus vueltos a nacer, no con base en lo que nosotros hacemos.

El empezar a basar mi vida en lo que soy en Cristo, en vez de en mis propias obras, cambió radicalmente mi relación con Dios. Por primera vez fui capaz de aceptar el hecho de que Dios me ama. Antes de eso, yo había experimentado el amor de Dios, pero no lo comprendía. Y si tú no comprendes algo, Satanás vendrá y te robará esa verdad (Mt. 13:19). Obtener la revelación de lo que son el espíritu, el alma, y el cuerpo me mostró cómo era que Dios podía amarme: Él me dio un espíritu idéntico al de Jesucristo. El apóstol Pablo escribió:

Pero el que se une al Señor, un espíritu es con él.

1 CORINTIOS 6:17

La palabra griega que se tradujo como "un" en este versículo significa uno en singular, que excluye a otro. No somos nada más semejantes a Él. No tenemos nada más un poquito del poder y la unción de Dios en nosotros. La Palabra dice que el que se une al Señor un espíritu es con Él. Somos idénticos. En al ámbito espiritual somos molécula por molécula idénticos a Jesucristo.

Dios no está tratando con nosotros con base en nuestro pecado y nuestras fallas en la carne. Él se relaciona con nosotros a través de nuestros espíritus, los cuales son creaciones nuevas. En el espíritu, somos creados en justicia y en la verdadera santidad (Ef. 4:24). No tenemos que tratar de ganar la santidad ni tenemos que pedirle a Dios que la mande del cielo. Comprender esto cambiará tu manera de abordar la liberación del poder de Dios en tu vida.

La vida Cristiana se reduce a esta simple verdad: en tu espíritu, tú eres tan salvo como puedes serlo. Eres tan santo y justo como Jesucristo. Tú tienes Su fe, Su poder, y Su unción. Todo lo que tienes que hacer es renovar tu mente, y la manera de hacerlo es leyendo la Palabra de Dios y creyendo lo que ésta dice de ti. Sólo la verdad que tú conoces es la que te libera (Jn. 8:32); por lo tanto tú tienes que meditar en la Palabra hasta que conozcas tu identidad espiritual.

La mente es como una compuerta para el espíritu y la vida de Dios que éste contiene: tiene el poder de liberar, o de obstruir el paso del poder de Dios hacia tu vida. Una mente que está enfocada en lo que está sucediendo en el cuerpo obstruirá el paso del poder de Dios. Forma una mayoría de dos contra uno cuando se une con la carne, y aunque tienes la vida de Dios en tu espíritu, no la experimentarás. En cambio, poner tu mente en acuerdo con tu espíritu, libera el fluir del poder de Dios.

No podemos darnos el lujo de obstruir el poder de Dios en nuestras vidas. Tenemos que renovar nuestras mentes con la verdad contenida en la Palabra de Dios y ponernos de acuerdo con la opinión que Dios tiene de nosotros. Tu espíritu ya es perfecto. Cuando tu mente se alinea con tu espíritu, empiezas a ver que la capacidad de Dios que ya está en tu espíritu se vierte en tu cuerpo y en tu alma. Tu cuerpo sanará, tus emociones sanarán, y verás que la unción de Dios se vierte en tu vida.

Materiales Complementarios en Español:

1. *Espíritu, Alma y Cuerpo* es un libro de Andrew Wommack (también está disponible en inglés) que contiene **la revelación fundacional de todo lo que Andrew enseña.** Si se te dificulta recibir de parte de Dios, ¡debes leer este libro! Puedes obtener una copia en http://www.awmi.net/store/usa/foreign_books/701

Materiales Complementarios en Inglés:

1. *Spirit, Soul, and Body* es un estudio de cuatro partes en audio disponible para escucharlo o bajarlo gratuitamente en http://www.awmi.net/extra/audio/1027

2. *"Who You Are in the Spirit"* es un estudio de audio disponible para escucharlo o bajarlo gratuitamente en: http://www.awmi.net/extra/audio/e09

4
¡YA LO TIENES!

Ver un perro corriendo en círculos tratando de atrapar su cola puede ser muy divertido. Vueltas y vueltas da el cachorro, tratando de atrapar algo que ya tiene. Desgraciadamente, eso también es una imagen del Cristiano común y corriente: éste está tratando de atrapar algo que ya tiene. Tú podrías preguntarte: "¿Qué es lo que ya tengo?" Tú ya lo tienes todo. Dios ya nos ha dado todo lo que necesitamos. Cualquier cosa que tú le estés pidiendo a Dios ya fue suministrada. Tú no tienes que hacer que Dios te sane, te salve, te libere, que te dé prosperidad, ni que te dé gozo y paz. Todas esas cosas ya han sido provistas.

Obtener aquello que necesitamos en esta vida no consiste en pedirle a Dios, y después esperar a que Él nos lo dé. Dios ya ha dado. Satisfacer nuestras necesidades es cuestión de creer que algo que no podemos ver ni sentir ya es una realidad. Conforme tú crees, tu fe hace que lo que Dios ya suministró se convierta en una realidad física. Entender qué es lo que tienes en el espíritu te dará una perspectiva totalmente diferente de cómo recibir algo de parte de Dios.

El cuerpo de creyentes, en general, sabe que Dios tiene el poder para realizar milagros. Esas personas creen que Él **puede** hacer cualquier cosa, por lo tanto no es un problema para ellos creer que Dios es capaz de cubrir sus necesidades. La duda que la gente tiene es: "¿**Lo hará** Dios?" No comprenden que Dios ya proveyó su milagro, así que están en el proceso de tratar de motivar a Dios para que actúe a su favor.

La secuencia típica de acontecimientos en las vidas de la mayoría de los creyentes es que primero se dan cuenta de que tienen una necesidad, y luego tratan de hacer que Dios cubra esa necesidad. Por ejemplo, un doctor te dice que estás enfermo y que vas a morir, entonces tú empiezas a clamar a Dios—tratando de hacer que Él se dé cuenta de cuán urgente es tu situación y explicándole la situación con detalle como si ésta fuera la primera vez que Él se percatara de la situación. "Después de todo", pensamos, "Dios tiene millones de peticiones que llegan a su escritorio, y necesito que la mía esté encima de las demás. Necesito asegurarme que Él sepa que no puedo darme el lujo de esperar ni una semana con este asunto". La verdad es que Dios ya cubrió todas tus necesidades mucho antes de que tú las descubrieras. Inclusive antes de que tú nacieras, Dios ya había suministrado todo aquello que pudieras necesitar.

Mucho tiempo de oración se invierte incorrectamente tratando de obligar a Dios a que haga algo. "Si Dios no contesta mis oraciones", pensamos, "entonces iniciaré una cadena de oración". La lógica implícita en esta actitud consiste en pensar que puede ser que Dios no conteste mis oraciones, pero que si junto a cien personas sobre el mismo asunto, obtendré más efectividad. De alguna manera, la gente cree que si presiona a Dios tanto como sea necesario, entonces Él cederá y les otorgará su petición, por lo tanto no quieren dejar de insistir hasta que Dios conteste.

Cuando se hacen las reuniones de oración, y se forman las cadenas de oración, la gente no cree que esté torciéndole el brazo a Dios, pero eso es exactamente lo que están tratando de hacer. Piensan que tienen que hacer algo para lograr que Dios conteste sus oraciones, pero las Escrituras dicen que el Señor ya ha suministrado todo por medio de Jesucristo. Jesucristo pagó por tus pecados y te reconcilió con Dios y todo lo que pudieras necesitar ya ha sido suministrado por medio de Él. No tenemos que motivar a Dios para que cubra nuestras necesidades. Dios proveyó a nuestras necesidades hace 2,000 años cuando se llenó de humildad, se convirtió en un hombre, y murió en la cruz.

La salvación no es una decisión irreflexiva que Jesucristo toma respecto a cada individuo cuando la gente ora y pide perdón. Dios no escoge y selecciona quién será salvo. La verdad es que Dios ya pagó por tus pecados. Él ya suministró el perdón que tú necesitas. Las Escrituras dicen: "Y él es la propiciación por nuestros pecados; y no solamente por los nuestros, sino también por los de todo el mundo" (1 Jn. 2:2).

La salvación y el perdón están disponibles para todo el mundo, pero no son automáticos. Tú tienes que **recibir** la salvación—pero en vez de rogarle a Dios por el perdón, es más preciso decir que tú tienes que reconocer que Él ya pagó por tus pecados. Dios ya ha tratado con cada pecado que hayas cometido o que vayas a cometer en el futuro. El perdón ya fue suministrado. Si no eres salvo, simplemente tienes que llenarte de humildad y dejar de tratar de ganar el perdón de Dios. Ser salvo significa recibir con humildad el regalo de la salvación que Dios te está ofreciendo; es algo totalmente diferente de la actitud de tratar de ganarlo, o de rogarle a Dios esperando que Él te lo dé.

El hecho de que Dios ya cubrió todas nuestras necesidades queda muy claro en el contexto de la sanidad:

Quien llevó él mismo nuestros pecados en su cuerpo sobre el madero, para que nosotros, estando muertos a los pecados, vivamos a la justicia; y por cuya herida fuisteis sanados.

1 PEDRO 2:24

En este versículo, el apóstol Pedro dijo que Jesucristo cumplió la profecía de sanidad escrita en el libro de Isaías (Is. 53:4-5). El evangelio de Mateo también cita el mismo versículo para mostrar que Jesucristo proveyó la sanidad de nuestros cuerpos físicos (Mt. 8:17). Date cuenta de que las Escrituras dicen que tú **fuiste** sanado por su herida. ¿Cuándo fue que Jesucristo recibió heridas en su cuerpo? Fue durante su ministerio cuando los soldados se burlaron de Él, lo golpearon, y lo llevaron para que fuera crucificado. Fue hace 2,000 años que Jesucristo recibió heridas, y ¡por Su herida **fuimos** sanados! Jesucristo ya suministró la sanidad. Él no está en el cielo ahora mismo recibiendo heridas en su espalda.

Innumerables multitudes están recibiendo sanidad hoy. En nuestro ministerio, nuestro personal del departamento de televisión ha documentado docenas y docenas de sanidades. Todas esas personas han recibido su sanidad recientemente, pero fue hace 2,000 años que se pagó el precio. Jesucristo no ha recibido ni una herida más en su espalda desde que se sometió a la cruz. Por Su herida **fuimos** sanados. Ya fue consumado.

Es mucho más fácil liberar algo que ya tienes que tratar de obtener algo que no tienes. Es un paso en la dirección correcta creer que Dios **puede** sanar, pero sigue habiendo un elemento de duda en este punto de vista, porque es como ver algo en un futuro muy lejano: puede ser que suceda, o bien, puede que no. Cuando tú empiezas a comprender que **ya tienes la sanidad**, el asunto es algo totalmente diferente. Quizá la sanidad todavía no se ha manifestado en tu cuerpo, pero tú sabrás, por fe, que ya tienes sanidad en tu espíritu.

> *Alabado sea Dios, padre de nuestro Señor Jesucristo, que nos ha bendecido en las regiones celestiales con toda bendición espiritual en Cristo.*
>
> **EFESIOS 1:3**
> **Nueva Versión Internacional**

"Nos ha bendecido" quiere decir que ya sucedió. Tú ya has sido bendecido con todas las bendiciones espirituales. Es un trato hecho, y la bendición no se detiene allí. Dios ha puesto dentro de cada creyente vuelto a nacer el mismo poder que resucitó a Jesucristo de entre los muertos:

> *Y cuál la supereminente grandeza de su poder para con nosotros los que creemos, según la operación del poder de su fuerza, la cual operó en Cristo, resucitándole de los muertos y sentándole a su diestra en los lugares celestiales.*
>
> **EFESIOS 1:19-20**

El poder de Dios, el mismo poder que resucitó a Jesucristo de entre los muertos, ya está en tu interior. Tú no tienes que orar y pedirle a Dios que venga y te sane; ¡ya lo tienes! Ya tienes prosperidad. Ya tienes unción. Ya tienes sabiduría. Ya tienes fe, y muchas otras cosas más.

Yo sé que hay alguien que está pensando: "Si ya lo tengo, entonces ¿dónde está?"

Está en tu espíritu. Tú no puedes percibir por medio de una sensación lo que hay en tu espíritu. En cambio, tu cuerpo siente todo lo que ocurre. De la misma manera, tu alma está registrando continuamente cómo te sientes emocionalmente: feliz, enojado, lastimado, o triste, y tú lo sabes. Como la gente continuamente sabe lo que está sucediendo en su cuerpo y en su alma, suponen que si tuvieran el poder sanador de Dios en sus espíritus, se darían cuenta. Pero tú no puedes sentir lo que tienes en tu espíritu. La única manera de poder discernir lo que es verdad en el espíritu es por medio de la Palabra de Dios.

Jesucristo dijo: "Las palabras que yo os he hablado son espíritu y son vida" (Jn. 6:63). La Palabra de Dios es como un espejo espiritual (Stg. 1:22-25): si tú quieres saber qué tienes en tu espíritu, tienes que ver en la Palabra de Dios para ver qué dice.

Por un lado, la Palabra de Dios dice que por la herida de Jesucristo tú *fuiste* sanado. Ya fue hecho. La Palabra también dice que tú ya tienes el mismo poder que resucitó a Cristo de entre los muertos viviendo en tu interior. No está enfrente de ti por allí esperando a que lo obtengas; ya lo tienes.

Tú podrías pensar que la diferencia entre tener y no tener es insignificante, pero no lo es. Ésta es una verdad de Dios de vital importancia que todo creyente necesita entender, y una breve escucha de las oraciones que se expresan hoy en las iglesias nos revela que la mayoría de los creyentes no la entiende. Dios ha prometido que Él nunca nos dejará ni nos abandonará (He. 13:5), y que donde están dos o tres congregados en Su nombre, allí está Él en medio de ellos (Mt. 18:20). Sin embargo muchos servicios religiosos empiezan suplicándole a Dios: "Visítanos hoy... muévete en medio de nosotros...necesitamos sentir tu presencia". Están pidiendo algo que la Palabra de Dios nos asegura que ya es una realidad.

La mayoría de los Cristianos no están viviendo según el espíritu, o conforme a lo que la Palabra de Dios dice; están tratando de navegar por la vida con base en sus sentimientos. Tienen que sentir escalofríos subiendo y bajando por su espalda, o ver que alguien empieza a bailar como trompo, para creer que Dios está presente; cuando en realidad, Dios está presente en todas las reuniones de los creyentes.

Tenemos que dejar de perseguirnos nuestras colas. En vez de pedirle a Dios que haga algo que Él ya hizo, deberíamos empezar a creer lo que Su Palabra dice—sin importar cómo nos sentimos o si podemos sentir algo físicamente. Simplemente tenemos que guiarnos por lo que la Palabra de Dios dice, y debemos alabarlo por lo que Él ya hizo. Si tú empiezas a expresar tu fe y a alabar a Dios—en vez de rogarle que te dé algo que ya tienes— empezarás a ver resultados positivos en tu vida. La fe surgirá en tu interior conforme le agradezcas a Dios por lo que Él ha hecho. El apóstol Pablo oró por Filemón para que...

La participación de tu fe sea eficaz en el conocimiento de todo el bien que está en vosotros por Cristo Jesús.

FILEMÓN 6

La palabra "eficaz" significa que algo empieza a funcionar. Pablo está diciendo que la fe funciona por medio de "el conocimiento de todo el bien que está en vosotros en Cristo Jesús"—no por medio de ruegos a Dios ni de la formación de una cadena de oración. La fe obra simplemente al reconocer, u obtener una revelación de, lo que ya está en ti. ¡Ésta es una afirmación muy trascendental!

La sanidad no es el único aspecto con el que los creyentes batallan para comprender qué es lo que Dios ya ha suministrado. He observado que a la gente se le dificulta en particular creer que ya tienen el amor de Dios. Ya perdí la cuenta del número de veces que la gente ha venido a mí y me han pedido que ore para que Dios derrame su amor en sus vidas. Aparentemente eso suena como si fuera una petición muy buena, pero revela una falta de entendimiento de que Dios mostró Su amor por nosotros al morir en la cruz. La Biblia dice:

Mas Dios muestra su amor para con nosotros, en que siendo aún pecadores, Cristo murió por nosotros.

ROMANOS 5:8

El amor de Dios por nosotros es incuestionable. No hay nada que podamos hacer que haga que Él nos ame más de lo que ya nos ama. El problema que la gente tiene es que no forzosamente **sienten** el amor de Dios; pero no podemos dejarnos guiar por nuestros sentimientos. Nuestros sentimientos están conectados con nuestra naturaleza carnal, no con nuestro espíritu. Como creyentes, necesitamos andar en el espíritu, y no en la carne (Ga. 5:25). En vez de orar para sentir algo, tenemos que adentrarnos en la fe y empezar a creer lo que la Palabra de Dios dice; creer, por ejemplo, que Dios te ama tanto que dio a Su Hijo unigénito por ti (Jn. 3:16). Jesucristo llevó tus pecados en Su cuerpo en la cruz, y Él dice que nunca dejará de amarte. Él nunca se alejará de ti ni te abandonará.

Nosotros le amamos a él, porque él nos amó primero.

1 JUAN 4:19

No es que nosotros amamos a Dios, y **después** Él nos responde. Dios nos amó primero, y ahora nosotros le respondemos a Él. Tú ya recibiste el amor de Dios, así como recibiste la sanidad.

Dios pensó en ti cuando Jesucristo murió y resucitó, y cuando volviste a nacer Su poder se alojó en tu espíritu. Antes de que tú te enfermaras, Dios puso el mismo poder que resucitó a Cristo de entre los muertos en tu interior. Antes de que tú necesitaras dinero, Dios mandó Su bendición sobre ti en tus almacenes y en tus graneros y sobre todo aquello en que pusieres tu mano (Ga. 3:29 y Dt. 28:8). Estás partiendo de una posición de incredulidad cuando le pides a Dios que te dé algo que Él ya suministró.

Cuando Dios dice que ya está hecho, y tú estás diciendo: "Oh Dios, por favor hazlo", eso es incredulidad. ¿Cómo le respondes a alguien que te está pidiendo que le des algo que ya tiene? Imagínate a un padre que le da a su hijo las llaves de su automóvil: el hijo mete las llaves en su bolsillo e inmediatamente pregunta: "¿Papá, me puedes dar las llaves de tu automóvil?" El padre podría pensar: "¿Por qué me está pidiendo algo que le acabo de dar?" Si fuera posible que Dios se confundiera, yo creo que se confundiría por nuestras oraciones. Estamos diciendo: "Dios, por favor sáname", y Él está pensando: "Estoy seguro de que escribí en algún lugar de la Biblia que 'por Su herida fuiste sano'". Estamos haciendo oraciones de incredulidad porque no entendemos lo que Dios ya hizo.

Todo lo que Dios ha puesto a nuestro alcance viene por medio del espíritu. Que salga o no de tu espíritu hacia el ámbito físico donde puedes sentirlo no depende de Dios; depende de si **tú crees o no** que Dios ya lo hizo.

Es, pues, la fe la certeza de lo que se espera, la convicción de lo que no se ve.

HEBREOS 11:1

La fe actúa como un puente que va del ámbito espiritual hacia el ámbito físico, permitiendo que lo que ya existe en el espíritu pase al ámbito físico. Si tú no tienes ese puente, o conducto de fe, probablemente no verás que el poder de Dios se manifieste en tu vida. No es que Dios no ha dado, es que tu falta de fe está cortando el fluir de su poder.

Comprender que ya tienes el poder de Dios en tu espíritu incrementará en gran medida el tamaño de la porción de Su provisión que experimentarás en la vida. Dios se ha colocado a Sí mismo dentro de ti. En tu espíritu, ya tienes sanidad, prosperidad, gozo, paz, liberación, amor, y cualquier otra cosa que pudieras necesitar. Antes de que surja una necesidad, Dios ya la previó, y Su provisión es más grande que cualquier necesidad. Dios ya hizo la provisión de las soluciones para cualquier problema u obstáculo que pudiera presentarse en tu camino. Él ya te dio el poder y la sabiduría para enfrentar cualquier circunstancia que se te presente.

Esta revelación cambiará tu manera de ver la vida. Te dará confianza para enfrentar la vida con valor. Una vez que reconozcas que ya lo tienes, y que dejes de tratar de obtenerlo, empezarás a ver que el poder de Dios fluirá por medio de ti. Y no solamente te bendecirá a ti, también va a derramarse y a bendecir las vidas de las gentes a tu alrededor.

Materiales Complementarios en Español:

1. *¡Ya Lo Tienes!* Es un libro de Andrew Wommack (también está disponible en inglés) que te enseña cómo experimentar la victoria que ya es tuya. Puedes obtener una copia en nuestra tienda en línea en http://www.awmi.net/store/usa/foreign_books/732

Materiales Complementarios en Inglés:

1. *You've Already Got It!* es un estudio de seis partes en audio disponible para escucharlo o bajarlo gratuitamente en http://www.awmi.net/extra/audio/1033

2. *Blessings and Miracles* es un estudio de cuatro partes en audio. Tanto las bendiciones como los milagros son de Dios, pero ¿cuál es el método que Él prefiere usar para cubrir nuestras necesidades? Cuando tú comprendes esto y lo pones en práctica, encontrarás paz, seguridad, y estabilidad en tu vida. Este estudio está disponible para escucharlo o bajarlo gratuitamente en http://www.awmi.net/extra/audio/1000

3. *How to Be Happy* es un estudio de seis partes en audio. ¿Por qué unas personas son felices y otras infelices? En este estudio trascendental, aprenderás los secretos para ser feliz. Está disponible para escucharlo o bajarlo gratuitamente en http://www.awmi.net/extra/audio/1019

5
LA VERDADERA NATURALEZA DE DIOS

Como creyentes reconocemos que la vida eterna es esencialmente tener una relación con Dios. Jesucristo dijo: "Y ésta es la vida eterna: que te conozcan a ti, el único Dios verdadero, y a Jesucristo, a quien has enviado" (Jn. 17:3). Para poder tener una buena relación con Dios, necesitamos saber quién es Él. Necesitamos comprender Su verdadera naturaleza, porque es imposible tener una relación con alguien a quien no conoces.

Nosotros valoramos nuestros viejos amigos porque al pasar el tiempo hemos llegado a conocerlos. Sin embargo, en las vidas de todos nosotros hay gente a la que hemos conocido por años pero con la que no tenemos una buena amistad en absoluto, porque los conocemos muy poco. La triste verdad es que hemos recibido una imagen distorsionada de la naturaleza y el carácter de Dios, y nuestras ideas equivocadas nos están impidiendo conocerlo como deberíamos.

Hace mucho tiempo alguien me dio una yegua. Cuando la yegua nació, los dueños le pusieron un cabestro y la soltaron en el pastizal. Había estado vagando libremente por tres años y nadie podía acercarse a ella. Los dueños de la yegua iban a dejar su propiedad y querían darme la yegua a mí, pero yo tenía que capturarla antes de que ellos se fueran; de lo contrario, iban a tener que sacrificarla y enviarla a una fábrica de pegamentos. Yo les pagué a dos vaqueros $350.00 dólares para que capturaran esa yegua y la domaran, pero ellos no pudieron hacerlo. Lo intentaron por dos o tres semanas sin éxito, y finalmente fueron a dar al hospital.

Entonces tuve una idea para atrapar la yegua yo mismo; pero las cosas no salieron exactamente como las había planeado. Mi idea era atraerla con comida, y después lazarla mientras estuviera distraída comiendo. Parecía un buen plan. Enterré un poste en el suelo y amarré una punta de una reata al poste para que la yegua no pudiera escaparse después de haberla capturado. Al principio, todo salió bien, pero yo no estaba preparado para lo que sucedió después de que puse la reata en el cuello de la yegua.

Tan pronto como la reata le cayó al cuello, la yegua enloqueció. Corrió a toda velocidad alejándose de mí, hasta donde la longitud de la reata se lo permitió. Cuando la reata se tensó no se rompió, y la yegua dio una maroma en el aire antes de caer de espaldas de sopetón. Lo sucedido parecía una mala escena de una caricatura, y casi mató a la yegua. Finalmente recuperó su fuerza y se levantó, pero toda la naturaleza de esa yegua cambió. Había sido domada, pero también estaba aterrorizada de mí.

A partir de ese día, la yegua empezaba a temblar en el momento en que me veía. Tenía una impresión totalmente equivocada de quién era yo. Estoy seguro de que pensaba que yo era la persona más cruel que existía, pero yo nunca me propuse que la yegua se lastimara. No fue mi voluntad que la yegua se echara a correr y que casi se rompiera el cuello. Fue la reacción de la yegua por lo que yo hice lo que causó el trauma. La yegua no comprendía que yo estaba tratando de salvar su vida, y tenía una idea equivocada de quién era yo. Finalmente, tuve que regalarla porque nunca dejó de tenerme miedo.

Así mismo, la gente tiene una impresión equivocada de Dios y de Su verdadera naturaleza por los acontecimientos descritos en el Antiguo Testamento. El Antiguo Testamento contiene ejemplos en los cuales vemos a Dios azotando a la gente con lepra, mandando al ángel de la muerte a Egipto, inundando la tierra, y destruyendo ciudades enteras. Yo creo que el hecho de que mucha gente piensa que Dios está enojado y lleno de ira es porque tienen una perspectiva incompleta de esos acontecimientos. Dios sí inundó la tierra y destruyó ciudades, pero, para poder entender Su verdadera naturaleza, tenemos que poner esos acontecimientos en un marco adecuado de referencia.

Criar a los hijos es un proceso de mucho tiempo. Los niños se desarrollan conforme pasa el tiempo, y la manera de relacionarnos con ellos cambia conforme crecen. Tú no te esperas hasta que tu hijo tenga la edad suficiente para razonar para decirle que hay ciertas cosas que no puede hacer. Tú no puedes razonar con un niño de un año de edad y decirle: "Mira, Juanito, si le quitas el juguete a tu hermana estás obedeciendo al diablo por medio del egoísmo. Y si obedeces al diablo, él te va a lastimar". Los niños de un año de edad no tienen la capacidad para entender eso. En cambio, les dices: "Si tú le vuelves a quitar ese juguete a tu hermana, te voy a dar unas nalgadas". Quizá no entienden un razonamiento complejo, pero sí entienden el castigo. Pero dar de nalgadas no es una solución permanente. Tú no quieres que tus hijos de treinta años basen su comportamiento en el temor a recibir unas nalgadas de parte de su mamá o de su papá. No, dar de nalgadas es una solución temporal que usamos hasta que un niño puede razonar.

Yo crecí en una calle muy transitada, y mi mamá solía decirme que si me cruzaba la calle sin voltear en ambas direcciones ella me daría una paliza. Y lo cumplía. Yo volteaba en ambas direcciones dos o tres veces antes de cruzar la calle. No lo hacía porque tenía temor de que me atropellara un automóvil, sino porque tenía miedo de que me golpeara mi mamá. Ya no tengo temor de que mi mamá me dé una paliza, pero todavía volteo en ambas direcciones antes de cruzar la calle. Ahora, me doy cuenta de que la razón para voltear en ambas direcciones es evitar que me atropelle un automóvil. Pero antes de que pudiera entenderlo por razonamiento el temor al castigo era lo que me controlaba. La perspectiva de esta diferencia es una imagen de la diferencia entre la gente del Antiguo Pacto y nosotros con nuestro Nuevo Pacto.

Pero el hombre natural no percibe las cosas que son del Espíritu de Dios, porque para él son locura, y no las puede entender, porque se han de discernir espiritualmente.

1 CORINTIOS 2:14

Antes de que alguien sea vuelto a nacer, está espiritualmente muerto. La gente que vivió en la época del Antiguo Testamento estaba espiritualmente muerta, y no podían entender totalmente la verdad espiritual. Nuestra capacidad para comprender las cosas de Dios se incrementa en gran manera con nuestro nuevo nacimiento. Antes de que fuéramos vueltos a nacer, simplemente no podíamos entender las verdades espirituales. Bajo el Antiguo Pacto, Dios necesitaba que la gente resistiera al diablo y sus trampas, pero Él no podía lograrlo por medio de una explicación porque esas personas no tenían la capacidad para comprender la realidad espiritual.

Por ejemplo, Satanás es un tema del que se habla muy poco en el Antiguo Testamento, solamente cuenta con quince referencias en las Escrituras (doce de las cuales se encuentran en el libro de Job). Tanto Satanás como los demonios se mencionan más veces en algunos libros individuales del Nuevo Testamento. La razón por la que hay una mayor revelación de Satanás en el Nuevo Testamento es que cuando la gente estaba muerta espiritualmente, no les habría reportado ningún beneficio hablar del Diablo. No podían comprender la realidad espiritual, y no tenían autoridad sobre el diablo. Sin embargo, aun así tenían que aprender a resistirlo, así que Dios trató con ellos de una manera similar al ejemplo que yo usé para describir la corrección de un niño: Él los amenazó con el castigo, pero lo hizo por amor y porque se preocupaba por su futuro.

Recuerdo cuando andaba por una carretera de tierra sin pavimento en frente de mi casa con mi esposa Jamie, y nuestro hijo mayor, Joshua, cuando él era muy pequeño. Vivíamos en el campo y ese camino nunca era transitado, así que ese día le permití a Joshua que corriera enfrente de nosotros. De repente, mientras caminábamos, se levantó una nube de polvo detrás de un automóvil que iba circulando con exceso de velocidad por la calle que se cruzaba con la nuestra. Joshua se estaba acercando a la intersección, y ya estaba muy lejos de mí de manera que yo no podía agarrarlo, así que grité "¡Joshua, detente!" Él se paró allí mismo y el carro pasó volando—pasando muy cerca de él. Joshua era muy pequeño para poder comprender razonamientos a esa edad, pero yo le había enseñado a obedecer mi voz por medio de la disciplina. Yo no le daba de nalgadas porque estuviera enojado con él; lo disciplinaba porque lo amaba, y me preocupaba por su futuro. La educación que le di a Joshua le enseñó a obedecer mi voz, y le salvó la vida.

Algunas veces tenemos que ser duros con nuestros hijos. De la misma manera, Dios fue duro con la gente bajo el Antiguo Pacto. Jesucristo se apareció y nos mostró la misericordia y la gracia de Dios que el Antiguo Testamento no revelaba, pero no hay conflicto entre los dos. La naturaleza de Dios nunca ha cambiado:

> *Jesucristo es el mismo ayer, y hoy, y por los siglos.*
>
> **HEBREOS 13:8**

Antes de que existiera la posibilidad de ser vuelto a nacer, la gente no podía entender las cosas espirituales. Ahora sí podemos. Bajo el Antiguo Pacto Dios motivaba a los Israelitas a que le obedecieran por medio de la disciplina. Por ejemplo, Dios les dijo que si no diezmaban, le estaban robando y que serían malditos. Sin embargo, ahora que somos vueltos a nacer y que tenemos entendimiento espiritual, Dios nos ha enseñado que el motivo para dar debería proceder de un corazón alegre, no de uno con tristeza. Hay una diferencia muy clara entre esas dos instrucciones, pero Dios no ha cambiado— nosotros hemos cambiado.

Nuestros espíritus han sido vivificados, Dios ha escrito Su Palabra en nuestros corazones, y ahora podemos conocerlo en espíritu y en verdad. Tenemos una revelación de Dios que la gente en el Antiguo Pacto ni se la hubieran podido imaginar, y por eso Dios trata con nosotros de una manera diferente. En nuestra época, Dios puede mostrar misericordia a la gente; lo que no hubiera sido posible en los días del Antiguo Testamento.

En el libro Levítico se establece una ley que dice que si se sorprende a un hombre o a una mujer en adulterio, ambos deben ser apedreados hasta matarlos. Sin embargo Jesucristo le mostró misericordia a una adúltera (Jn. 8:1-11). En ese ejemplo, los fariseos trataron de comprometer a Jesucristo al presentarle a una mujer que acababa de ser sorprendida en adulterio. Jesucristo había predicado que debemos mostrar misericordia y gracia unos a otros, pero la ley exigía que la mataran. Los fariseos creían que habían atrapado a Jesucristo: o desobedecería la Ley mostrando misericordia, o se desacreditaba entre la gente consintiendo que la mataran. Además, si Jesucristo no autorizaba que la mujer fuera apedreada, entonces estaría quebrantando la Ley y Él mismo podría ser merecedor de muerte por apedreamiento. Los fariseos estaban seguros de que lo tenían acorralado. Arrastraron a la mujer ante Jesús, la tiraron en el suelo, y le preguntaron qué deberían hacer.

Él se inclinó hacia el suelo y empezó a escribir algo en la tierra con su dedo. No sabemos qué es lo que estaba escribiendo, pero yo creo que fue algo que el Espíritu Santo usó para mostrarles a los fariseos su propio pecado. No me sorprendería si Jesucristo hubiera estado escribiendo los nombres de las amantes, o de las víctimas de los crímenes que ellos habían cometido. De cualquier forma, Jesucristo continuó escribiendo en la tierra mientras decía: "El que de vosotros esté sin pecado, sea el primero en arrojar la piedra contra ella". Los hombres se fueron uno a uno hasta que Jesús se quedó solo con la mujer. Entonces Jesucristo condenó el acto de pecado, pero le ofreció misericordia a la mujer.

El Señor siempre ha sido misericordioso por naturaleza. Hasta que la Ley se dio—unos 2,000 años después de que Eva y Adán pecaron—Dios se estaba relacionando con la gente por medio de la gracia. Dios le ofreció misericordia al primer asesino sobre la faz de la tierra, Caín (Gn. 4:15), en cambio la primera persona que fue apedreada hasta morir fue un hombre que andaba recogiendo leña en el día de Reposo (Nm. 15:32-36). La ley cambió la manera como Dios reaccionaba ante el pecado, pero la naturaleza de Dios no cambió.

Hay dos objetivos primordiales por los que se dio la Ley: para mostrarle a la humanidad el elevado estándar de perfección de Dios, y para probar que ningún hombre puede alcanzar ese estándar por medio de su propio esfuerzo. La Ley eliminó la ilusión de la justicia propia y estableció la necesidad que tenemos de un Salvador. Esto es importante porque el Antiguo Pacto y el Nuevo Pacto no son compatibles. Tú no puedes ser salvo en parte por tus buenas obras y en parte porque Jesucristo supla donde tú fallaste. O Jesucristo lo hace todo o no eres salvo. El apóstol Pablo le escribió a los gálatas diciéndoles que si alguno estaba tratando de salvarse a sí mismo, entonces Jesucristo no podría ayudarlos (Ga. 5:2-4). La Ley nos demuestra que nuestra única esperanza es ser salvos por la gracia por medio de la fe en Jesucristo y, en resumidas cuentas, apoyó un objetivo misericordioso.

El juicio se ejecutó sobre cada individuo en el Antiguo Testamento: el diluvio, el ángel de la muerte en Egipto, y la destrucción de Sodoma y Gomorra son ejemplos de eso. Pero Dios estaba tratando con esas personas con la perspectiva de la eternidad. Él no veía el fin de sus vidas como lo peor que pudiera suceder. Él estaba viendo la salvación eterna en el futuro—no solamente para esos individuos, mas para toda la humanidad.

Antes de que se inventaran los antibióticos, no era nada fuera de lo común que los doctores tuvieran que amputar una extremidad infectada. Cuando la gangrena se establecía se expandía hasta que el paciente moría de toxicidad. Para salvar la vida del paciente, era necesario amputar el miembro infectado. Esto es similar a algunas de las sentencias que leemos en el Antiguo Testamento. Quizá la muerte pudo haber sido un castigo para esos individuos en esta vida, pero fue un acto de misericordia para toda la raza humana puesto que preparó el camino para la salvación por la gracia y le abrió la puerta a la posibilidad de la vida eterna.

El Señor ya no está tratando con nosotros por medio de la Ley. Hemos sido salvos por gracia, y nuestros espíritus vueltos a nacer le permiten a Dios que nos trate con misericordia. **¡Aleluya!** Por fin somos capaces de entender los asuntos espirituales. Somos capaces de conocer y entender la verdadera naturaleza de Dios: Dios es amor (1 Jn. 4:8), y Su misericordia por nosotros es para siempre.

Materiales Complementarios en Inglés:

1. *The True Nature of God* es un estudio de cinco partes en audio disponible para escucharlo o bajarlo gratuitamente en http://www.awmi.net/extra/audio/1002

2. *The Good Report: Why Bad Things Happen* es una compilación de artículos en un folleto sobre el tema de por qué suceden cosas malas. Puedes obtener una copia en nuestra tienda en línea en http://www.awmi.net/store/usa/books/101

3. *The Sovereignty of God* es un estudio de audio disponible para escucharlo o bajarlo gratis en http://www.awmi.net/extra/audio/103

6
LA GUERRA YA TERMINÓ

Dios no está enojado contigo. Ni siquiera está de mal humor. ¡Qué noticia tan buena! Sin embargo mucha gente se aferra a la idea de que Dios está enojado, y piensan que tienen que pasarse la vida tratando de apaciguarlo. Esas personas citan versículos para mostrar la ira de Dios, y sostienen que Dios todavía está enojado con los pecadores; pero no es así. En el nacimiento de Jesucristo, una multitud de las huestes celestiales apareció, y alabando a Dios decían:

> *¡Gloria a Dios en las alturas, y en la tierra paz, buena voluntad para con los hombres!*

> **LUCAS 2:14**

Escuchamos esa frase tanto en la temporada de Navidad que ha perdido su significado. Se ha convertido en algo que se usa para crear una atmósfera y sentir el "Espíritu Navideño", y promover la idea de que deberíamos ser amables unos con otros durante esta época (como si estuviera bien tratarnos mal unos a otros el resto del año). Pero este versículo no está hablando de la paz **entre** los hombres. Jesucristo dijo explícitamente que Él no vino a traer paz:

> *No penséis que he venido para traer paz a la tierra; no he venido para traer paz, sino espada. Porque he venido para poner en disensión al hombre contra su*

padre, a la hija contra su madre, y a la nuera contra su suegra; y los enemigos del hombre serán los de su casa.

MATEO 10:34-36

Cuando los ángeles dijeron: "Paz, buena voluntad para con los hombres", no estaban hablando de la paz entre los hombres. Jesucristo profetizó que habrá rechazo, y Pablo dijo que todos los que quieren vivir piadosamente en Cristo Jesús padecerán persecución (2 Tim. 3:12). Jesucristo no vino con el propósito específico de traer división, pero conforme tú seas un representante de la verdad, aquellos que odian la verdad estarán en tu contra. Jesucristo vino para traer la luz al mundo, pero para aquellos que estaban viviendo en tinieblas vieron sus obras expuestas y por lo tanto pelearon en contra de la luz (Jn. 3:20). Cuando tú introduces el verdadero mensaje del Evangelio, los que lo reciban serán liberados, pero los que no lo reciban serán enfrentados a su pecado y pelearán contra ti.

Nunca se profetizó que en nuestra era Jesucristo traería paz **entre** los hombres. No va a haber paz en la tierra hasta que el Príncipe de Paz, venga y establezca Su reino, y que reine personalmente sobre la tierra. Este versículo no está hablando de la paz entre los hombres; está hablando de la paz de Dios **para con** los hombres.

Cuando el hombre pecó, Dios le declaró la guerra al pecado. Él se opuso a la maldad y el hombre quedó atrapado en medio de esta guerra. Hay veces que en la guerra, se inflige un daño lateral mientras se trata de derrotar al enemigo. Por la naturaleza de pecado, y por las decisiones adoptadas por el hombre, la gente se enredó con el mal y fueron afectados por la Guerra de Dios en contra del pecado. Dios tenía derecho de estar molesto y enojado

LA GUERRA YA TERMINÓ 69

por el pecado de la gente en el Antiguo Testamento, y sus castigos fueron justos, pero las cosas han cambiado. Dios ya no está en guerra en contra del pecado. Jesucristo ganó el conflicto.

La ira y el castigo de Dios en contra del pecado del Antiguo Testamento ya no se ven en el Nuevo Testamento. Por ejemplo, Elías pidió que callera fuego del cielo y mató a 102 hombres, pero cuando los discípulos de Jesucristo quisieron hacer lo mismo, Él los reprendió diciendo: *"Vosotros no sabéis de qué espíritu sois; porque el Hijo del Hombre no ha venido para perder las almas de los hombres, sino para salvarlas"* (Lc. 9:55-56). En el Nuevo Pacto, después de que Jesucristo vino, la guerra ya terminó. Jesucristo satisfizo por siempre la exigencia de Dios en cuanto a la justicia y el pago por el pecado. Jesucristo llevó nuestro pecado y sufrió por nosotros. Él echó toda la ira de Dios en contra del pecado sobre Sí mismo, y ahora la ira de Dios ha sido totalmente satisfecha. La Escritura dice:

Y yo, si fuere levantado de la tierra, a todos atraeré a mí mismo.

JUAN 12:32

Este versículo comúnmente se interpreta como si significara que si el Evangelio de Jesucristo se predica correctamente, entonces todo el mundo se acercará al Señor. Yo pensaba lo mismo cuando acababa de iniciarme en el ministerio, pero no es una verdad perceptible.

Predicar el Evangelio correctamente no es lo que atrae a grandes cantidades de personas. Hoy por hoy algunas de las iglesias más grandes no necesariamente enseñan la verdad absoluta de la Palabra de Dios. Con frecuencia reducen el mensaje hasta ajustarlo a uno de quince minutos sobre el desarrollo personal, y ni siquiera están ministrando la Palabra de Dios. Esa clase de iglesias atraen grandes cantidades de personas por medio del entretenimiento, pero no están produciendo verdaderos discípulos.

No estoy criticando a las mega iglesias, solamente estoy tratando de enfatizar que predicar a Cristo no atrae a todos los hombres. Los ministros que verdaderamente están predicando la Palabra de Dios y que están apoyando la verdad no son necesariamente los que tienen las iglesias más grandes. Tú simplemente no puedes dar testimonio de la interpretación de este versículo que dice que predicar a Cristo Jesús atrae a todos los hombres, y yo no creo que ese versículo se refiera a eso. No todos creen y son salvos cuando escuchan las buenas nuevas.

Si analizas con cuidado Juan 12:32 (versión King James **en inglés**), te darás cuenta que la palabra *"men"* está en cursivas—eso significa que la palabra está implícita pero no explícita en el lenguaje original. Los traductores agregaron la palabra *"men"* porque sintieron que era necesario aclarar el significado de la oración original en griego. Por lo menos los traductores tuvieron la integridad de mostrar su adición en cursivas, pero yo creo que puede mostrarse que *"men"* no es el sustantivo al que Jesucristo se estaba refiriendo en este pasaje.

En este contexto, Jesucristo estaba hablando de los pecados de este mundo y del juicio de esos pecados. El versículo anterior dice: "Ahora es el juicio de este mundo; ahora el príncipe de este mundo será echado fuera" (Jn. 12:31). Por lo tanto, en el siguiente versículo, si vamos a insertar un sustantivo para aclarar el significado debería ser la palabra "juicio". El pasaje quedaría así: "Y yo, si fuere levantado de la tierra, atraeré todo el **juicio** a Mí mismo".

Jesucristo no quiso decir que nosotros lo glorificaremos predicando el Evangelio cuando dijo: "Si fuere levantado". Él estaba hablando de ser levantado en la cruz. Él estaba hablando de Su crucifixión—cuando Él atrajo todo el juicio a Sí mismo. El siguiente versículo aclara esto.

> *Y decía esto dando a entender de qué muerte iba a morir.*
>
> **JUAN 12:33**

Toda la ira de Dios cayó sobre Jesucristo, y no sólo una parte. Jesucristo era como un pararrayos: cuando Él fue levantado en la cruz, toda la ira y el castigo de Dios por el pecado del hombre cayeron sobre el cuerpo de Jesucristo. Dios satisfizo todo lo que la justicia exigía por medio del castigo al que sometió a Su propio Hijo por nuestros pecados, y no solamente por el pecado que se había cometido hasta ese entonces, sino por todo el pecado por siempre (He. 9:28). Cada pecado—pasado, presente, y futuro—fue expiado (He. 9:12; 10:10, 14). Jesucristo sufrió la ira y el rechazo de Dios para que pudiéramos convertirnos en la justicia de Dios en Él. El resultado es que, Dios, ya no está molesto. Jesucristo llevó nuestro castigo, y la guerra ya terminó.

Los ángeles estaban proclamando una profecía cuando dijeron: "en la tierra paz, buena voluntad para con los hombres". Jesucristo todavía no había pagado el precio, pero Su nacimiento era un indicio de que el tiempo había llegado. La salvación era inminente. Otra profecía acerca de Jesucristo comunicada a través de Isaías el profeta dice:

> *Consolaos, consolaos, pueblo mío, dice vuestro Dios. Hablad al corazón de Jerusalén; decidle a voces que su*

tiempo es ya cumplido, que su pecado es perdonado; que doble ha recibido de la mano de Jehová por todos sus pecados.

ISAÍAS 40:1-2

Los judíos han sufrido mucho a través de la historia, pero ninguna cantidad de sufrimiento humano podría pagar el precio por el pecado. El Nuevo Testamento se inspiró en este pasaje para hablar de Jesucristo el Mesías (Mt. 3:3, Mr. 1:3, y Lc. 3:4-5). Este versículo está profetizando el tiempo en el que Jesús iba a sufrir en la cruz, e iba a atraer todo el juicio sobre Sí.

Jesucristo abrogó la Ley sobre la cruz y trajo la paz entre Dios y el hombre (Ef. 2:15). Ésa es una afirmación tan extraordinaria que algunas personas simplemente no pueden creer que sea verdad. No pueden creer que el sufrimiento de una persona pueda expiar los pecados de todos los miles y miles de millones de personas que han vivido—o que vivirán—sobre la faz de la tierra. La dificultad para comprender esto surge porque no entendemos el valor que Dios le ha dado a Su Hijo. Jesucristo no era solamente hombre; Él era Dios en la carne de un hombre. Su vida, en tanto que era Dios, valía más que toda la raza humana.

Jesucristo era Dios manifestado en la carne. Por medio de Su sufrimiento y muerte Él pagó más del doble de lo que la raza humana debía por el pecado (Is. 40:1-2). Algunas iglesias están predicando que cada vez que pecas, tu pecado se convierte en una nueva infracción en contra de Dios, y que Él no contestará tus oraciones, ni convivirá contigo, hasta que tú vuelvas a tener una relación correcta con Él. Están diciendo que la guerra no ha terminado. Creen que hay una tregua temporal en el conflicto. Dicen que el momento en el que pecas, la ira de Dios vuelve a encenderse en contra de ti. Esencialmente, están diciendo que el sacrificio de Jesucristo no fue suficiente para expiar el pecado. Están enseñando que la expiación está en el sufrimiento de Jesucristo **más** tu sufrimiento, pero eso no es verdad. El puro sufrimiento de Jesucristo pagó más de lo que era necesario.

Dios ya no te está reclamando por tu pecado; pero eso no quiere decir que tú puedes vivir en pecado. Dios te ama aunque estés viviendo en pecado, pero el pecado es algo insensato porque le abre una puerta al diablo (Ro. 6:16). El diablo sólo viene para robar, matar, y destruir (Jn. 10:10); por lo tanto no es una buena idea que seas vulnerable ante sus ataques. Eres un tonto si vives de esa manera, pero aun así Dios te ama. Él no está enojado contigo, porque Su guerra en contra del pecado ya terminó. Hay paz de parte de Dios hacia ti, y todo se centra en Jesucristo. Si tú aceptas a Jesús, que pagó por tus pecados, entonces Dios ya no está enojado contigo.

Jesucristo tomó nuestro castigo. Él sufrió por nuestros pecados para que nosotros no tengamos que hacerlo. Nosotros podemos tener una buena relación con Dios simplemente llenándonos de humildad y recibiendo nuestro perdón como un regalo. Quizá esto suena como algo demasiado bueno para ser real, pero es verdad. Cuando Jesucristo fue levantado en la cruz, Él atrajo todo el juicio por el pecado a Sí mismo, y ahora la guerra ya terminó. Dios está en paz contigo.

Materiales Complementarios en Español:

1. *La Guerra Ya Terminó* es un libro de Andrew Wommack (también está disponible en inglés) que muestra que el conflicto de mayor duración en la historia de la humanidad duró 4000 años y culminó con una victoria absoluta hace casi 2000 años—con la muerte y la resurrección de Jesucristo. Las respuestas de este libro te liberarán de la condenación y el temor. ¡Te liberarán para que recibas las promesas anunciadas por Dios! Puedes obtener una copia en nuestra tienda en línea en http://www.awmi.net/store/usa/foreign_books/733

Materiales Complementarios en Inglés:

1. *The War is Over* es un estudio de cinco partes en audio disponible para escucharlo o bajarlo gratuitamente en http://www.awmi.net/extra/audio/1053

2. *How to Deal With Temptation* es un estudio de cinco partes en audio que nos muestra la manera correcta y la incorrecta de reaccionar a la tentación, y la manera de evitar caer en la tentación. Está disponible para escucharlo o bajarlo gratuitamente en http://www.awmi.net/extra/audio/1049

7
LA GRACIA, EL PODER DEL EVANGELIO

La buena nueva es que el Evangelio te libera. La mala nueva es que no todos están predicando el Evangelio. La palabra Evangelio literalmente significa "buena nueva". Es una palabra oscura del griego que solamente se usó dos veces en la literatura si exceptuamos las Escrituras del Nuevo Testamento, y probablemente su mejor traducción sería: "¡noticias tan buenas que es difícil creer que sean ciertas!" Estamos hablando de la clase de noticias que te hace sentir ganas de saltar y de gritar. El Evangelio es una buena nueva en grado superlativo. Es como si alguien te dijera: "¡Te ganaste la lotería!" Exceptuando lo que Dios ha hecho por nosotros, nosotros no recibimos noticias en este mundo de esa magnitud, pero la gracia de Dios es **esa noticia tan buena que es difícil creer que sea cierta.** Es el favor de Dios que no ameritamos ni merecemos, que Él prodiga sobre nosotros, y que cuando tú recibes la revelación de la gracia de Dios, te libera. Hará que quieras pregonar la bondad de Dios—con la esperanza de que todo el mundo te escuche:

Porque no me avergüenzo del evangelio, porque es poder de Dios para salvación a todo aquel que cree; al judío primeramente, y también al griego. Porque en el evangelio la justicia de Dios se revela por fe y para fe, como está escrito: Mas el justo por la fe vivirá.

ROMANOS 1:16-17

El libro de Romanos es una descripción de lo que Dios ha hecho por nosotros independientemente de lo que merecemos. Es una descripción de la gracia, y el apóstol Pablo dice en estos versículos que la gracia es el poder que revela la justicia de Dios.

Para comprender verdaderamente lo que Pablo está diciendo, tienes que entender la mentalidad religiosa de esa época. Era un mundo en el cual el sistema religioso había decaído, o degenerado, en una lista de indicaciones y prohibiciones. Tenían leyes para todo. Llegaron a un extremo tal que un grupo, los esenios, tenían una regla que prohibía defecar en el día de Reposo. Lo consideraban trabajo, y tú no podías trabajar en el día de Reposo. Ni siquiera podías escupir en la tierra, porque si lo hacías podría formarse lodo, y hacer cualquier cosa se consideraba como trabajo. Parece una broma, pero así era como pensaban.

Un día de Reposo los discípulos de Jesucristo sintieron hambre mientras caminaban por los sembrados de grano, así que arrancaron espigas y comieron (Lc. 6:1-6). Para poder sacar el grano de trigo de la cáscara que lo cubría, restregaron la espiga con las manos. Los fariseos interpretaron lo que ellos estaban haciendo como si fuera trabajo y los acusaron de quebrantar las leyes del día de Reposo. Era una acusación falsa, porque no había un mandato específico en el Antiguo Testamento que prohibiera restregarse las manos, pero eso muestra que la vida se había convertido en algo muy reprimido bajo la mentalidad religiosa de esa época.

Por siglos, los líderes religiosos habían estado añadiendo a la Ley sus propias reglas. El sistema religioso en contra del cual Pablo estaba predicando era una mala noticia. Se resumía a no puedes hacer esto y esto, y serás maldito si haces esto otro. Era un sistema negativo y riguroso que contenía mucha ira. La gente era apedreada hasta morir por quebrantar la Ley.

Cuando Pablo dijo que él no se avergonzaba del Evangelio de Cristo, al mismo tiempo él estaba diciendo que la mentalidad religiosa no tenía sentido. "Evangelio" era un término que antes de que Pablo lo aplicara a la gracia de Dios ni siquiera estaba en uso, así que la gente sabía que él estaba hablando de noticias que eran buenas en grado superlativo. Era algo completamente opuesto al sistema religioso, el cual estaba usando el **temor** para hacer que la gente viviera para Dios. El Evangelio estaba atrayendo a la gente hacia la salvación por medio del **amor** de Dios.

La palabra "salvación" no se aplica solamente al perdón de los pecados. La palabra griega de la que se tomó salvación es *soteria,* y literalmente significa salvo o liberado. Está hablando de ser liberado: espíritu, alma, y cuerpo. La salvación no solamente se limita al perdón de tus pecados. La salvación también comprende lo que sucede cuando una persona que estaba enferma es sanada, o cuando alguien que estaba deprimido y recibe el gozo del Señor. De hecho la palabra griega *sozo* se usa indistintamente en el Nuevo Testamento para expresar salvar, restaurar, o sanar.

El Evangelio de Jesucristo no solamente nos salva del pecado; también nos salva de las consecuencias del pecado, como la opresión, la depresión, la enfermedad, los padecimientos, y la pobreza. Así que, cuando el versículo dice que el Evangelio "es el poder de Dios para la salvación", tú podrías interpretarlo como si dijera que el Evangelio es el poder de Dios para la sanidad, la paz mental, el gozo, y la prosperidad. Cualquier cosa que necesites la encuentras en el Evangelio.

Desgraciadamente, el Evangelio de Cristo no siempre se presenta como **noticias tan buenas que es difícil creer que sean ciertas.** Algunos ministros están predicando que Dios está enojado contigo, y que más te vale que te arrepientas porque si no... "Arrepiéntete", dicen esos ministros, "o te vas a quemar en el infierno por toda la eternidad". No hay nada de bueno en esas noticias— por supuesto que no hay nada **que sea tan bueno que sea difícil creerlo.** Predicar al estilo de arrepiéntete o quémate es un esfuerzo para acercar a la gente a Dios por el miedo, algo muy parecido a lo que el sistema religioso de la época de Jesucristo estaba haciendo. Quizá funcione, pero no es el Evangelio.

Es verdad que todos hemos pecado y estamos destituidos de la gloria de Dios (Ro. 3:23), y que cualquiera que rechace la salvación de Jesucristo se irá al infierno (Ro. 6:23). Así que, no está mal decirle a la gente que hay un infierno y, que por nuestros pecados, todos vamos para allá a menos que nos arrepintamos. Ésas son afirmaciones verdaderas, pero ése no es el mensaje del Evangelio. No hay buenas nuevas en el hecho de amenazar a la gente con el infierno, y el temor no te libera para recibir el poder del Evangelio.

La mayor parte de la gente ya sabe que es pecadora, y la mayoría sabe que están separados de Dios. Sin embargo, hay algunos que se han engañado a sí mismos pensando que están en una relación correcta con Dios cuando no lo están—son gente que está confiando en su propia virtud. En esos casos, podría ser necesario usar la Ley para mostrarles que necesitan un Salvador.

La parábola del fariseo y el publicano es un buen ejemplo de cuándo se debe usar la Ley (Lc. 18:9-14). Jesucristo específicamente les comunicó esta parábola a aquellos que estaban confiando en su propia rectitud. La historia habla de dos hombres que fueron al templo a orar. Uno que era un fariseo que, en su oración, le daba gracias a Dios por no ser un pecador depravado como el publicano que estaba parado al lado suyo; él era un hombre que diezmaba de todo lo que tenía y ayunaba dos veces por semana. El publicano, en cambio, estaba lejos, temeroso hasta de levantar sus ojos al cielo, y le rogaba a Dios por misericordia. Jesucristo dijo que el publicano es el que se fue justificado, y no el fariseo. Esta parábola muestra que el pecador que se llena de humildad ante Dios es justificado, y no así el hombre orgulloso que está viviendo una vida santa.

La ironía de un sistema religioso estricto es que puede conducir al orgullo y la arrogancia a aquellos que pueden observar las reglas. Esas personas se comparan con otros y piensan que tienen una muy buena relación con Dios. La verdad es que, quizá no eres tan pecador como otra persona, pero aun así eres un pecador—y ¿quién quiere ser el mejor pecador de todos los que han ido al infierno? En estos casos, sería correcto usar la Palabra de Dios para quitarle un poco el orgullo a la persona y mostrarle en realidad qué tan pecadora es. La Biblia dice:

Pero sabemos que la ley es buena, si uno la usa legítimamente.

1 TIMOTEO 1:18

Pero la Ley no fue dada para el justo (1 Tim. 1:9). De acuerdo a la Palabra de Dios, cualquier persona que cree en Jesucristo ha sido hecha "la justicia de Dios" (2 Co. 5:21).

Así que la Ley no está destinada a ser usada en contra de los Cristianos vueltos a nacer. La ley está destinada a los incrédulos que no entienden que necesitan un salvador. Está bien usar la Ley con este propósito, pero no debería usarse para estimular a los creyentes vueltos a nacer para que mejoren su relación con Dios, ni para motivar a los incrédulos a través del temor a que se arrepientan ante un Dios enojado. Dios ya no está enojado (Lc. 2:14). Jesucristo tomó toda la ira de Dios en contra del pecado en Su propio cuerpo en la cruz (Jn. 12:32 y 1 P. 2:24).

Pablo no se avergonzaba de decirle a la gente las buenas nuevas. Él no le daba de golpes en la cabeza a la gente con su pecado e ineptitud y no se avergonzaba por no hacerlo. La gran mayoría de la gente no necesita que se les agigante su pecado. Lo que necesitan es escuchar las noticias que son tan buenas que es difícil creer que sean ciertas, de que Jesucristo murió para hacerlos justos, y que todo lo que tienen que hacer es creer.

El hombre que me ayudó a que yo verdaderamente me entusiasmara con el Señor cuando yo era un adolescente había sido educado en un ambiente religioso. Él sabía que Dios era real, pero antes de que él fuera salvo había vivido un estilo de vida inmoral. Sus problemas con el alcohol y la inmoralidad sexual eran bien conocidos en la comunidad. Otro hombre que asistía a mi iglesia solía ir a la casa de mi amigo para decirle qué tan pecador era y que más le valía arrepentirse. Pero mi amigo ya sabía que era un pecador. Él no necesitaba escuchar más información sobre lo despreciable e impío que era. Él fue salvo cuando se enteró de la gracia de Dios por medio del Evangelio de Jesucristo.

Hoy en día hay mucha gente que está en la misma situación en la que mi amigo estaba. La religión distorsionada está haciendo que pierdan el interés y que se alejen de Dios. La religión les repite hasta el cansancio lo pecadores y miserables que son, pero esas personas en su corazón ya lo saben—aunque no lo admitan. Lo que necesitan es escuchar el Evangelio, la buena nueva de que Jesucristo murió para tomar su pecado y para que vuelvan a tener una buena relación con el Padre.

Todos hemos pecado y estamos destituidos de la gloria de Dios (Ro. 3:23), y la paga del pecado es muerte (Ro. 6:23). Aunque pudiéramos dejar de pecar a partir de este momento, eso no podría hacer algo para borrar lo que hemos hecho en el pasado. No hay nada que podamos hacer para salvarnos a nosotros mismos. En medio de esa situación tan desesperada, Dios envió a Su Hijo para que viviera una vida santa y que lograra todo lo que nosotros no podíamos hacer por nuestra propia cuenta. Jesucristo se merecía la bendición de Dios, pero en vez de eso Él tomó todos nuestros pecados sobre Sí, y a cambio nos dio Su santidad y bondad. El apóstol Pedro lo dijo así:

> *Quien llevó él mismo nuestros pecados en su cuerpo sobre el madero, para que nosotros, estando muertos a los pecados, vivamos a la justicia; y por cuya herida fuisteis sanados.*
>
> **1 PEDRO 2:24**

Así mismo, la Biblia dice de Jesucristo,

> *Al que no conoció pecado, por nosotros lo hizo pecado, para que nosotros fuésemos hechos justicia de Dios en él.*
>
> **2 CORINTIOS 5:21**

Jesucristo llevó nuestro pecado, no Su pecado. Él no tenía ningún pecado propio que llevar. Él tomó nuestro pecado y pagó la deuda que nosotros no podíamos pagar. Jesucristo por un corto tiempo se convirtió en lo que nosotros éramos—personas separadas de Dios—para que nosotros pudiéramos convertirnos en lo que Él es: un hijo de Dios, que es aceptado y que tiene una buena relación con Él. Jesucristo tomó todo nuestro pecado y nos dio toda Su justicia.

Ninguna otra religión en el mundo acepta esto. En otras religiones, la responsabilidad para ganar el derecho a tener amistad, o para estar en relación correcta, con su Dios reside en el que rinde el culto. El verdadero Cristianismo es la única religión sobre la faz de la tierra que tiene un Salvador. Jesucristo vino y nos salvó porque no podíamos salvarnos a nosotros mismos. Él pagó la deuda que nosotros no podíamos pagar. Está más allá de la capacidad del hombre poder concebir algo así. Los seres humanos nunca llegaron a la idea de que Dios se convirtiera en un hombre y que sufriera el castigo que nosotros nos merecemos.

La aprobación que Dios nos brinda no está basada en lo santo que somos; está basada en el sacrificio que Jesucristo hizo por nosotros. Éstas son las **noticias tan buenas** del Evangelio de Jesucristo que es difícil creer que sean ciertas.

Yo crecí en un hogar Cristiano. Fui vuelto a nacer cuando tenía ocho años de edad, e inmediatamente después empecé a escuchar la Palabra de Dios. A causa de eso, yo viví una vida santa desde una edad temprana. Nunca he dicho maldiciones a lo largo de mis sesenta años de vida. Nunca he tomado un trago de licor o fumado un cigarro. Nunca he probado el café—no estoy diciendo que el café y el alcohol sean lo mismo. Hay un verso bíblico que dice que si bebieras alguna cosa mortífera no te hará daño; por lo tanto puedes tomar café (Mr. 16:18)—es una broma, el café no tiene nada de malo. Pero en serio, yo he vivido una vida muy santa de acuerdo a los estándares religiosos.

Aunque he vivido una vida santa, aun así no podía salvarme a mí mismo. Quizá no cometí los "pecados mortales" aquellos a los que la religión se opone, pero he sido egoísta. He mentido. Le he fallado a Dios. Y he faltado a mi palabra. He cometido errores. Igual que todos los demás, he estado destituido de la gloria de Dios, y la paga del pecado es la muerte (Ro. 6:23).

Hoy, hay muchas personas que no comprenden que ser bueno, o vivir una vida santa, no los salvará. Piensan que si eres una buena persona vas a estar bien. Pero ser bueno no es suficiente. Nos es imposible cumplir con el estándar de santidad de Dios. Quizá nos vemos bien si nos comparamos con otras personas (2 Co. 10:12), pero no podemos compararnos con la santidad de Dios. Jesucristo era la imagen misma de la gloria de Dios y de lo que Él se propuso (He. 1:3). Jesucristo es el estándar de la santidad de Dios: nunca cometió ni un solo pecado, ni por comisión ni por omisión, ni de pensamiento ni de obras, desde Su nacimiento hasta su muerte. Eso de "casi perfecto" no es algo válido. O eres perfecto o no lo eres; y no lo somos—por eso necesitamos un Salvador.

Pablo empezó su carta a los Romanos diciendo que él no se avergonzaba del Evangelio de Cristo porque es "poder de Dios para salvación" (Ro. 1:16). Tu propio esfuerzo nunca podrá salvarte, pero el solo hecho de creer en Jesucristo sí lo hará. El Evangelio o la buena nueva, es que la responsabilidad de la salvación no está sobre tus espaldas, y que nosotros no tenemos que hacer nada para ganar la salvación.

La salvación incluye la liberación del pecado y de sus efectos. Si tú no tienes poder obrando en ti para la sanidad, es porque realmente no entiendes el Evangelio. Satanás probablemente te está condenando y te hace sentir que no tienes valor. Tú crees que Dios puede sanar, pero no estás convencido de que Él quiere sanarte a ti porque sientes que eres indigno. Tú todavía estás vinculando la manifestación del poder de Dios en tu vida con algún mérito o valor de tu parte. Estás tratando de negociar con Dios al decir: "Señor si me sanas empezaré a vivir una vida santa. Haré cualquier cosa que tú quieras". ¿Te das cuenta?, eso no es abordar a Dios con base en lo que Jesucristo ya hizo. No te estás acercando por medio del Evangelio. No has aceptado las **noticias que son tan buenas que es difícil creer que sean ciertas** de que la salvación, la sanidad, y la liberación no dependen de tu bondad. Jesucristo ya ganó todo por ti; ¡todo lo que tienes que hacer es creer!

Porque por gracia sois salvos por medio de la fe; y esto no de vosotros, pues es don de Dios; no por obras, para que nadie se glorie.

EFESIOS 2:8-9

Dios ya proveyó todo por medio de la gracia. No tiene nada que ver con nuestra propia santidad. Tus acciones no son el factor determinante para que el poder de Dios se libere o no en tu vida. Todo lo que tienes que hacer es recibir por fe lo que Dios ya suministró. No únicamente la salvación, sino cualquier cosa que necesites del Señor está disponible para ti si tú simplemente crees la buena nueva; el Evangelio de Jesucristo. Somos salvos, sanos, saludables, y liberados por la gracia de Dios.

Materiales Complementarios en Español:

1. La Gracia, el Poder del Evangelio es un libro de Andrew Wommack (también está disponible en inglés) que muestra que no es lo que tú haces, sino lo que Jesucristo hizo, lo que te hace justo. Nunca más dudarás si estás cumpliendo con el estándar de santidad de Dios. Puedes obtener una copia en nuestra tienda en línea en http://www.awmi.net/store/usa/foreign_books/731

Materiales Complementarios en Inglés:

2. *The Gospel: The Power of God* es un estudio de cuatro partes en audio que comenta la gracia y el libro de Romanos. Está disponible para escucharlo o bajarlo gratuitamente en http://www.awmi.net/extra/audio/1014

3. *The Grace of Giving* es un estudio que muestra cómo la gracia se relaciona con el dar. Está disponible para escucharlo o bajarlo gratuitamente en http://www.awmi net/extra/audio/o04

4. *Grace and Faith in Giving* es un estudio en audio que nos enseña cómo confiar en Dios en cuanto a nuestro dinero. Está disponible para escucharlo o bajarlo gratuitamente en http://www.awmi.net/extra/audio/o14

5. *God's Kind of Love: The Cure for What Ails Ya!* es un estudio de tres partes en audio que habla de lo mucho que Dios nos ama. No podemos dar lo que no hemos recibido. Antes de poder amar a otros, tenemos que tener una verdadera revelación del amor de Dios por nosotros. Esta serie de enseñanzas te ayudará a recibir una revelación más profunda del amor incondicional que Dios te tiene. Está disponible para escucharlo o bajarlo gratuitamente en http://www.awmi.net/extra/audio/1015

8
VIVIR EN EL EQUILIBRIO DE LA GRACIA Y LA FE

El cuerpo de creyentes está básicamente dividido en dos grupos: los que creen que la salvación y los dones de Dios se reciben por medio de la fe, y los que piensan que todo se nos da por la gracia de Dios. Yo creo que la Palabra de Dios enseña que recibimos de Dios por medio de una combinación de la gracia y la fe, y no por medio de una o de la otra por separado.

Porque por gracia sois salvos por medio de la fe; y esto no de vosotros, pues es don de Dios; no por obras, para que nadie se gloríe.

EFESIOS 2:8-9

Como dice este versículo, somos salvos por gracia **por medio** de la fe. Los que se aferran a un punto de vista extremo, ya sea el de la gracia o el de la fe, están fuera del equilibrio. Es como los elementos químicos del sodio y el cloro. Cualquiera de ellos por separado es un veneno, pero si los combinas se convierten en sal—y no podemos vivir sin ésta. La fe o la gracia por separado te envenenarán, pero poner fe en la gracia de Dios es el camino a la vida.

Debo definir a qué me refiero cuando hablo de "la gracia" y "la fe", porque se han convertido en términos religiosos que tienen varias definiciones. La gracia es lo que Dios hace por ti independientemente de lo que te mereces. La gracia de Dios no tiene nada que ver contigo.

La palabra griega que traducimos como "gracia" en la Biblia literalmente significa un favor que no ameritamos y que no merecemos—pero es más que eso. La gracia es algo que Dios hizo por ti antes de que tú lo necesitaras. Dios te ofreció Su gracia inclusive antes de que tú existieras.

La gracia de Dios vino a la tierra hace 2000 años por medio de Jesucristo (Juan 1:17). Cuando Jesucristo murió en la cruz, Él murió por todo el pecado, por todo el tiempo: pasado, presente, y futuro (He. 9:12). Jesucristo pagó por nuestro pecado 2000 años antes de que naciéramos. Dios no nos vio y dijo: "Son una gente tan maravillosa, y se están esforzando mucho. Creo que voy a hacer algo para ayudarlos". No, Dios previó nuestra condición humana y nuestro pecado, y pagó el precio aun antes de que existiéramos. Antes de que el problema existiera, Dios ya había creado la solución. Ésa es la gracia.

Si tuvieras que ser merecedor para poder obtener la gracia de Dios, entonces no sería gracia; sería un pago que tú ganaste a cambio de tu propia virtud. La gracia de Dios se da independientemente de ti. La gracia es toda Dios.

El peligro se presenta cuando la gente aplica la gracia de Dios de una manera general y la interpreta como si implicara que **todo** depende de Dios. Con base en este punto de vista, se cree que Dios controla todas las cosas: quién se salva, quién se sana, con quién te vas a casar, y así sucesivamente hasta los detalles más insignificantes de la vida. Pero la Palabra de Dios enseña algo diferente. Por ejemplo, la Palabra dice:

Porque la gracia de Dios se ha manifestado para salvación a todos los hombres.

TITO 2:11

Si la salvación fuera únicamente la responsabilidad de Dios, y si la gracia por sí sola salvara, entonces todos los hombres serían salvos—porque la gracia de Dios se ha manifestado a todos los hombres. La gracia de Dios fue ofrecida antes de que tú existieras, y no tiene nada que ver contigo, por lo tanto si la gracia por sí misma fuera suficiente para la salvación entonces al nacer ya serías salvo. No habría necesidad de que tú hicieras algo más. Pero no somos salvos solamente por la gracia. Somos salvos por gracia **por medio** de la fe (Ef. 2:8). No depende de Dios que tú te salves o no:

El Señor no retarda su promesa, según algunos la tienen por tardanza, sino que es paciente para con nosotros, no queriendo que ninguno perezca, sino que todos procedan al arrepentimiento.

2 PEDRO 3:9

Dios desea que todo el mundo sea salvo, pero no todos lo serán porque Dios no es el que lo decide. La salvación viene por medio de la gracia de Dios, pero tú tienes que responder con fe. La gracia es la parte que le toca a Dios—la fe es la parte que nos toca a nosotros. Es la fe en la gracia de Dios lo que libera el poder de la salvación en una persona. Todo está disponible por la gracia de Dios, pero tiene que haber una respuesta de fe de nuestra parte para recibir lo que está dispuesto por la gracia.

Antes de definir qué es la fe, quiero hablar de lo que no es la fe. La fe no es algo que tú haces para que Dios te responda o para hacer que Él actúe a tu favor. Todo lo que tú necesitarás ya ha sido suministrado por gracia, incluye la salvación, la sanidad, la liberación, el gozo, la paz, y la prosperidad. Es verdad que la fe hará que el poder de

Dios se manifieste, pero no es que Dios está respondiendo a tu fe. La fe no hace que Dios actúe. Nos hace actuar a nosotros para ponernos en situación de recibir lo que Dios ya ha suministrado por la gracia.

La fe simplemente es nuestra respuesta positiva a la gracia de Dios.

Me tardé 20 años para comprender estas cuantas palabras. La fe no **produce** una respuesta positiva de parte de Dios. Dios ya ha suministrado todas las cosas por la gracia. La fe es sólo tu respuesta positiva a lo que Dios ya ha suministrado. Otra manera de decir esto es que la fe solamente se apropia de lo que Dios ya ha provisto. Si Dios no lo ha suministrado aparte de tus esfuerzos, y antes de tu necesidad, entonces tu fe no puede lograrlo.

La gracia o la fe por separado son un veneno. Un extremo es creer que todo está determinado por la gracia de Dios. El otro es creer que la fe del creyente controla todos los resultados. Considera este versículo:

Porque de cierto os digo que cualquiera que dijere a este monte: Quítate y échate en el mar, y no dudare en su corazón, sino creyere que será hecho lo que dice, lo que diga le será hecho. Por tanto, os digo que todo lo que pidiereis orando, creed que lo recibiréis, y os vendrá.

MARCOS 11:23-24

Este versículo dice que todo lo que pidiereis orando, creed que lo recibiréis y os vendrá. La gente que ha adoptado un punto de vista extremo de la fe ha malinterpretado esto para probar que pueden tener cualquier cosa que quieran—a condición de que tengan fe para creer que así será. Este malentendido sobre la fe ha guiado a algunos a tener unas expectativas falsas de lo que es posible por medio de la fe, y algunas veces con singulares resultados.

Recuerdo a una mujer en Arlington, Texas, que pertenecía al grupo de la fe extrema y le estaba enseñando eso a sus estudiantes en una escuela Bíblica que ella inauguró. Ella usó este versículo que dice que puedes tener "todo lo que pidiereis" y decidió que quería que Kenneth Copeland (un ministro prominente) fuera su esposo. El problema era que él ya estaba casado con Gloria Copeland. Pues bien esta mujer simuló una boda en la que ella se casó con Kenneth "en el espíritu", y después "permaneció firme en su fe" esperando a que Gloria muriera y dejara de estorbarle para que ella pudiera consumar el matrimonio con Kenneth.

La mayoría de la gente puede darse cuenta de que algo está mal con eso. "Todo lo que pidiereis" no es un boleto gratis para recibir por fe cualquier cosa que se te antoje. **La fe sólo se apropia de lo que Dios ya ha provisto por gracia.** Dios no proveyó el asesinato ni el adulterio por medio de la expiación de Jesucristo, por lo tanto no puedes esperar por fe que alguien muera para que puedas quedarte con su cónyuge.

Algunas personas tienen la idea de que van a agarrar a Dios y no lo van a soltar hasta que Él les dé lo que quieren. Piensan: "Voy a hacer que Dios sane a fulano", "voy a hacer que Dios me dé prosperidad", o "voy a hacer que mi cónyuge se quede conmigo". Pero la fe no hace que Dios haga nada. Si eso no fue suministrado en la expiación de Jesucristo, tu fe no puede hacer que eso suceda. Todo lo que la fe hace es alcanzar y tomar lo que Dios ya ha provisto por gracia.

Cuando Dios creó a Eva y Adán, Él creó todo lo que iban a necesitar. Dios no solamente previó sus necesidades, también previó las necesidades de toda la gente que iba a vivir sobre la faz de la tierra. Dios creó este mundo con suficiente oxígeno para sustentar a Eva y Adán, y a todos los descendientes que iban a existir en este planeta. Él creó suficiente comida para alimentar a todos los habitantes de la tierra. Hay una razón por la que Eva y Adán no fueron creados hasta el sexto día: si los hubiera creado primero, ellos habrían tenido que caminar por el agua durante dos días antes de que hubiera algo de tierra en donde pudieran pararse; y además habrían tenido que evadir las montañas y los árboles que estaban brotando de la tierra por todas partes. Dios anticipó todo.

Dios creó todas las cosas, y por gracia, Él cubrió todas las necesidades que Eva y Adán iban a tener. Aun así, sus necesidades no fueron satisfechas automáticamente. Eva y Adán tenían que hacer su parte. Ellos tenían que alcanzar y apropiarse de la gracia de Dios. Por ejemplo, Dios suministró fruta para comer, pero ellos tenían que tomarla y comérsela. El Señor no los creó con un tubo en el estómago para que pudieran ser alimentados sin ningún esfuerzo de su parte. Tenían que colectar y usar lo que Dios había provisto. Si se hubieran sentado por allí esperando a que Dios les diera de comer a cucharadas cada comida, habrían muerto de inanición. Igualmente, Dios ya suministró todo lo que necesitaremos—ésa es la gracia—pero nosotros tenemos que alcanzarlo y apropiarnos de ello por medio de la fe.

Tú no haces que Dios te sane. Dios ya suministró tu sanidad por medio de la gracia. Lo que tienes que hacer es alcanzar y tomar esa sanidad por medio de la fe. Tu fe no produce la sanidad como tampoco Eva y Adán, sólo porque extendieron su brazo, hicieron que un árbol brotara del suelo y que produjera fruto. Los árboles ya estaban allí, pero Eva y Adán tenían que cosechar el fruto. De la misma manera, hay una parte que nos corresponde a nosotros en el proceso de alcanzar y obtener las promesas de Dios— nuestra parte es la fe.

Los que creen en la gracia extrema dicen que todo viene por la gracia de Dios, y no ven que hay una parte que les corresponde. Su actitud en la vida está descrita en la canción que dice "Qué será, será", *"whatever will be, will be"*.[1] La gente con esta actitud no ve cuál es el objeto de hacer cosas, ni siquiera de buscar a Dios, porque creen que todo ya ha sido determinado por Su gracia. Acaban flotando cómodamente en el río de la vida, esperando a ver qué va a suceder más adelante.

Los que creen en la fe extrema reconocen que tenemos un papel que desempeñar, pero le dan mucho énfasis a ese papel. Comprenden que la voluntad de Dios no se realiza automáticamente, y se concentran en lo importante que es que el individuo haga cosas (leer la Palabra, orar, tener fe, etc.). Si no tienes cuidado, puedes caer en el error de creer que son tus propias acciones las que están produciendo resultados. Puedes empezar a creer que tu virtud está haciendo que Dios actúe a tu favor, lo cual lleva al orgullo y al fariseísmo.

Cada vez que una verdad de la Palabra de Dios es llevada a un extremo, o a excluir otras verdades, eso conduce a un error. La fe es un veneno por sí sola, y la gracia es un veneno por sí sola. Pero cuando tú pones fe en lo que Dios ya hizo por gracia, obtienes un compuesto sin el cual no puedes vivir. Esto es el equilibrio de la gracia y la fe, y liberará el poder de Dios en tu vida.

---

[1] Título y estribillo de una canción de Doris Day, de la década de los setentas del siglo pasado. N. del T.

Materiales Complementarios en Español:

1. *Vivir en el Equilibrio de la Gracia y la Fe* es un libro de Andrew Wommack (también está disponible en inglés) que expone la concepción correcta de la gracia y la fe y de cómo funcionan juntas. En este libro, Andrew explica claramente ambos conceptos y que vivir en el equilibrio de éstas cambiará tu relación con Dios por siempre. Puedes conseguir una copia en nuestra tienda en línea en http://www.awmi.net/store/usa/foreign_books/737

Materiales en Inglés:

1. *Living in the Balance of Grace and Faith* es un estudio de cinco partes en audio disponible para escucharlo o bajarlo gratis en http://www.awmi.net/audio/1064

2. *Insights into Faith* es un libro pequeño de Andrew Wommack que es una compilación de las notas a pie de página de *Life for Today Study Bible* sobre el tema de la fe. Estas notas han sido organizadas para producir un libro muy trascendental de 52 páginas que edificará tu fe. Está disponible en nuestra tienda en línea en http://www.awmi.net/store/usa/books/100

3. *The Faith of God* es un estudio en audio que comenta la diferencia entre la fe humana y la fe espiritual. Está disponible para escucharlo o bajarlo gratuitamente en http://www.awmi.net/extra/audio/a01

9
LA AUTORIDAD DEL CREYENTE

Cuando una habitación en tu casa está obscura, tú no llamas a la compañía de luz y les pides que prendan la luz—la prendes tú mismo. La compañía de luz genera la electricidad, pero es tu responsabilidad prender la luz. Del mismo modo, yo creo que la oración no es contestada fundamentalmente porque la gente le está pidiendo a Dios que haga algo para lo cual Él ya nos dio el poder y la autoridad para que lo hagamos nosotros mismos. Pedirle a Dios que haga cosas que Él nos pidió que hiciéramos no va a traer las respuestas a nuestras oraciones.

Los Cristianos por lo general no comprenden la autoridad que Dios les ha dado. La persona común y corriente aborda a Dios como si no tuviera poder ni autoridad. Cientos de personas me han abordado con lágrimas en los ojos, me han presentado su problema, y esencialmente me han dicho que no tienen poder para resolverlo. No obstante, los creyentes sí tienen poder. Partir de una posición de impotencia es algo totalmente contrario a lo que la Palabra de Dios enseña.

Jesucristo les dio poder a Sus discípulos para echar fuera demonios y para sanar toda enfermedad (Mt. 10:1). Él también les dio autoridad para usar ese poder, y les ordenó que lo usaran, diciendo:

Y yendo, predicad, diciendo: El reino de los cielos se ha acercado. Sanad enfermos, limpiad leprosos, resucitad muertos, echad fuera demonios; de gracia recibisteis, dad de gracia.

MATEO 10:7-8

Jesucristo dijo: "Sanad enfermos". Él no dijo que **oren** por los enfermos. Parece que es una diferencia sutil, pero en la práctica significa una gran diferencia. Una gran cantidad de Cristianos ni siquiera cree que Dios sana hoy porque nunca han visto que algo sucede cuando oran. No están a la expectativa de ver manifestaciones sobrenaturales del poder de Dios. Inclusive entre los que sí creen en el poder milagroso de Dios, una gran parte de esas personas no están siguiendo el modelo que Jesucristo estableció. En cambio, están partiendo de una posición de impotencia, diciendo cosas como: "Señor, no somos nada. No podemos hacer nada. Nada más estamos esperándote a Ti. Dios mío, extiende tu mano y sánanos". Están suplicándole y rogándole a Dios para que suelte Su poder, lo cual es totalmente contario al mandato de Jesucristo.

Jesucristo nos dio poder sobre todas las enfermedades, los padecimientos, y los demonios. Después Él dijo: "Ahora, ustedes sanen al enfermo, echen fuera demonios, limpien leprosos, y resuciten a los muertos". Él no nos dijo que oráramos y que le pidiéramos que lo hiciera en nuestro lugar. Él nos dijo que saliéramos y que hiciéramos esas cosas. No lo estamos haciendo por nuestra propia cuenta, porque es el poder de Dios lo que hace el milagro, pero nosotros somos los responsables de ponerlo en acción. El Señor dijo:

Yo soy la vid, vosotros los pámpanos; el que permanece en mí, y yo en él, éste lleva mucho fruto; porque separados de mí nada podéis hacer.

JUAN 15:5

Sin Jesucristo, soy un don nadie. Por mi propia cuenta, no puedo sanar ni un mosquito—pero nunca estoy solo. El Señor ha prometido que nunca nos dejará ni nos desamparará (He. 13:5). Después de que eres vuelto a nacer, Dios pone Su poder en tu interior— poder sobre toda enfermedad y padecimiento, y sobre todos los demonios. Ya tenemos el poder de Dios, y la autoridad para usarlo, por lo tanto no tenemos que pedirle que sane al enfermo ni que eche demonios fuera en nuestro lugar.

El mismo poder que resucitó a Jesucristo de entre los muertos ahora está en nuestro interior (Ef. 1:19-20). Cada vez que abordas a Dios como si fueras impotente para cambiar tu situación, estás poniendo al descubierto que tú no te has formado la idea del poder que Él te ha dado. Quizá estás pidiendo algo que está bien, o estás buscando buenos resultados, pero estás tratando de lograrlo de una manera equivocada. Los milagros no se dan de esa manera. Las Escrituras dicen:

Someteos, pues, a Dios; resistid al diablo, y huirá de vosotros.

SANTIAGO 4:7

Dios nos dijo que resistamos al diablo y que él huirá de nosotros. La palabra "resistir" significa "luchar alguien con la persona o cosa que le ataca". Es nuestra responsabilidad resistir al diablo. Tú no puedes abordar a Dios y pedirle que quite al diablo de tu camino; tú mismo eres el que tiene que pelear en contra del diablo.

La enfermedad y los padecimientos son obra del diablo (Jn. 10:10), así que cuando le pedimos a Dios que sane nuestra enfermedad, en resumidas cuentas, le estamos pidiendo que reprenda al diablo en nuestro lugar. Pero Dios **nos** dijo que resistiéramos al diablo. Si no resistimos al diablo, éste no huirá. Yo puedo rogarle y suplicarle a Dios hasta que me quede sin aliento—puedo decirle con lujo de detalle cuán desesperante es mi situación—pero nada va a suceder hasta que yo mismo resista al diablo.

Es el poder de Dios, pero es nuestra responsabilidad ponerlo en práctica. A mucha gente no le gusta escuchar esto porque los hace responsables, y nos hemos convertido en expertos para evadir la responsabilidad. Podemos encontrar cualquier razón para echarle la culpa a alguien o a algo: la manera como nos criaron, la etnia, la falta de educación, los padres, el abuso, o cualquier otra cosa que se nos pueda ocurrir. Tratamos de sobrellevar nuestras propias fallas al echarle la culpa a otra cosa. No estoy diciendo que a la gente no le suceden cosas malas, pero hasta que tomes la responsabilidad de tus propias acciones, no serás más que una víctima. Para ser un vencedor, tienes que asumir tu responsabilidad. Dios te ha dado el poder para cambiar tu situación pero tienes que dejar de ser una víctima y enfrentar la situación y resistir al diablo.

Escuché la historia de una visión que Kenneth Hagin tuvo. En esa visión, Kenneth estaba parado enfrente del Señor, y Él le estaba diciendo unas cosas importantes a Kenneth. En medio de la conversación, un demonio corrió y se paró en frente de Kenneth y empezó a hacer mucho ruido de manera que a Kenneth se le estaba dificultando escuchar lo que el Señor le estaba diciendo. Mientras Kenneth se esforzaba por escuchar, se preguntaba por qué el Señor no le decía al demonio que se fuera. En su frustración, Kenneth finalmente le gritó al pequeño demonio y le dijo que se fuera en el nombre de Jesús. Al recibir la orden, el demonio huyó, y el Señor le dijo a Kenneth que Él no le había dicho al demonio que se fuera porque era la responsabilidad de Kenneth. El Señor le dijo: "Te he dado autoridad y no puedo retractarme".

El punto de esta historia es congruente con lo que está expuesto en la Palabra de Dios. La Biblia dice que cuando algo sale de la boca del Señor, es que Él ha hecho un pacto. Dios dijo:

No olvidaré mi pacto, Ni mudaré lo que ha salido de mis labios.

SALMO 89:34

Cuando Dios dice algo, Él se compromete con lo dicho. En cambio, la gente dice cualquier cosa irreflexivamente y más adelante cambian su manera de pensar. Aunque algo esté por escrito, la gente contrata abogados para deshacer convenios que habían hecho. Quizá para la gente las palabras no tienen mucha importancia, pero Dios nunca quebranta Su Palabra. La Biblia dice de Jesucristo:

El cual, siendo el resplandor de su gloria, y la imagen misma de su sustancia, y quien sustenta todas las cosas con la palabra de su poder, habiendo efectuado la purificación de nuestros pecados por medio de sí mismo, se sentó a la diestra de la Majestad en las alturas.

HEBREOS 1:3

Jesucristo era una representación perfecta e idéntica del Padre, y Él sustenta todas las cosas con la Palabra de Su poder. El universo está sustentado por el poder de las palabras de Jesucristo. Si Jesucristo violara la integridad de Su Palabra, entonces las cosas dejarían de estar sustentadas y el universo se destruiría. Dios no puede pedirnos que hagamos algo para después retractarse de Su Palabra y hacer en nuestro lugar aquello que nos había pedido que hiciéramos.

Dios quiere que estés sano, pero Él no va a violar Su Palabra para sanarte. Dios nos dijo que resistamos al diablo, y si no lo hacemos—por cualquier razón—Él no lo va a hacer por nosotros. Él nos dio poder resucitador, pero nosotros tenemos que creer y tenemos que resistir al diablo.

Los apóstoles Pedro y Juan mostraron este principio la vez que sanaron al hombre cojo cuando se dirigían al templo. El hombre era cojo de nacimiento, y todos los días se sentaba cerca del templo pidiendo limosna a los que entraban. Ese día cuando, Pedro y Juan pasaban cerca de él, les pidió limosna,

> *Pedro, con Juan, mirándolo fijamente, le dijo: ¡Míranos! El hombre fijó en ellos la mirada, esperando recibir algo. —No tengo plata ni oro —declaró Pedro—, pero lo que tengo te doy. En el nombre de Jesucristo de Nazaret, ¡levántate y anda!*
>
> **HECHOS 3:4-6**

Pedro tomó la mano del hombre y lo levantó. Inmediatamente el hombre cojo sanó y se fue saltando enfrente de ellos alabando a Dios por el milagro que había recibido.

Ésa es una demostración maravillosa del poder de Dios, pero date cuenta de que Pedro y Juan nunca oraron por él. No le pidieron a Dios que lo sanara y no abordaron el asunto desde una posición de impotencia diciendo que ellos no eran nadie y que no podían hacer nada. Pedro dijo: "Lo que tengo te doy". Él no estaba actuando de manera arrogante. Jesucristo le dijo a Pedro que él tenía el poder sanador de Dios, y Pedro simplemente estaba usándolo.

En general, el cuerpo de Cristo no está usando la autoridad que Dios le ha dado—y eso sucede con frecuencia porque no sabemos qué es lo que tenemos. Muchos en la iglesia están rogándole y suplicándole a Dios para que actúe, pero no creen que Dios ya actuó. Dios ya nos dio el poder y la autoridad para que le hablemos a nuestros problemas.

La higuera es un árbol muy peculiar porque produce fruto al mismo tiempo que se llena de hojas. Por lo tanto, cuando el árbol está lleno de hojas verdes se supone que también debe tener fruto. Las Escrituras nos dicen que un día Jesucristo vio de lejos una higuera que tenía hojas, y se acercó esperando encontrar fruto en ella. Cuando llegó donde estaba el árbol, éste no tenía nada de fruto. Parecía que tenía fruto, pero no era así; esto era representativo de la hipocresía religiosa. El árbol daba la impresión de que poseía algo que en realidad no tenía. Al ver esto Jesucristo maldijo la higuera. Al día siguiente, Jesucristo y los discípulos pasaron por donde estaba la higuera y estaba muerta. Se había secado de raíz (Mr. 11:20).

En el momento en que Jesucristo le habló a la higuera el árbol se murió, pero tomó veinticuatro horas para que lo que había sucedido se hiciera visible. Es importante recordar esto cuando oras. Los resultados de la oración no siempre se dan de una manera inmediata y evidente para nuestros sentidos, pero el poder siempre se libera cuando oramos en el nombre de Jesucristo. Si esperamos pacientemente con fe, esperando ver aquello por lo que oramos, entonces veremos que se realiza. Mientras los discípulos pasaban enfrente de la higuera seca, Pedro le indicó a Jesús que la higuera se había secado:

> *Respondiendo Jesús, les dijo: Tened fe en Dios. Porque de cierto os digo que cualquiera que dijere a este monte: Quítate y échate en el mar, y no dudare en su corazón, sino creyere que será hecho lo que dice, lo que diga le será hecho. Por tanto, os digo que todo lo que pidiereis orando, creed que lo recibiréis, y os vendrá.*
>
> **MARCOS 11:22-24**

Tres veces en este pasaje, el Señor enfatiza el poder de las Palabras. Jesucristo no tocó la higuera ni trató de destruirla; Él solamente le habló. Lo único que necesitas para liberar la fe y el poder que Dios te ha dado es hablarle a tu problema. La fe y el poder se liberan por medio de las palabras. Jesucristo dijo: "Cualquiera que **dijere**", y creyere que será hecho lo que **dice**, lo que **diga** le será hecho. Las palabras son poderosas. El libro de los Proverbios dice:

> *La muerte y la vida están en poder de la lengua, Y el que la ama comerá de sus frutos.*
>
> **PROVERBIOS 18:21**

El milagro que estás esperando está en tu boca—si tú lo declaras y no dudas. El problema es que la mayoría de nosotros decimos cosas que no creemos con todo nuestro corazón. Titubeamos, y la Biblia dice que los que titubean no recibirán nada de parte de Dios (Stg. 1:6-8). Jesucristo dijo que cuando oramos, tenemos que creer sin dudar en nuestros corazones. No podemos titubear. Tenemos que hablar y creer.

También date cuenta de que Jesucristo nos dio instrucciones para hablarle a la montaña. Es importante reconocer que cuando se te presenta un obstáculo en el camino, o un problema, tú tienes que **hablarle directamente al problema.** La mayoría de los Cristianos se pasan diez minutos describiendo el problema, y los diez segundos siguientes rogándole a Dios que resuelva el problema. "Oh Dios", dicen llorando, "por favor mueve esta montaña". Pero ese enfoque está totalmente equivocado. Dios no nos dijo que le habláramos a Él sobre nuestros problemas y que le pidiéramos que se deshaga de ellos. Nos dijo que le hablemos a la montaña y que la echemos al mar.

Para que tú le hables a tu montaña y le ordenes que se salga de tu camino es necesario que tú entiendas que Dios ya hizo Su parte. Él te dio poder y autoridad. En vez de hablar con Dios como si tú no pudieras hacer nada, necesitas creer que Dios ya te dio (tiempo pasado) poder y autoridad. Ahora bien, toma tu autoridad y resiste esa situación. Tú háblale y ordénale a la montaña que se salga de tu camino. ¡Tú háblale! En otras palabras, háblale a tu problema de Dios; no le hables a Dios de tu problema.

Yo creo que en la gran mayoría de las iglesias, aunque no en todas, el sistema religioso no enfatiza la autoridad del creyente porque así no se corre mucho riesgo. Si tú no tienes nada de autoridad, entonces no tienes responsabilidad. Puedes acercarte a una persona moribunda y orar tibiamente por ella, y si no sucede nada no es tu culpa. Es fácil vivir tu vida de esa manera. La gente le echa la culpa a Dios y dice: "Seguramente no era Su voluntad sanar a esta persona en esta ocasión". Eso no es verdad. Tampoco quiero decir que es tan sencillo como orar por alguien y ver que sane, porque la persona por la que estás orando tiene que estar de acuerdo contigo, pero **siempre** es la voluntad de Dios sanar a la gente.

En vez de pedirle a Dios que provea sanidad, alábalo porque Él ya suministró la sanidad. No le hables a Dios de tu problema; háblale a tu problema de Dios. Di: "Cáncer, en el nombre de Jesucristo, te ordeno que te vayas de mi cuerpo". Ésas son exactamente las instrucciones que Jesucristo nos dio: hablarle a nuestro monte (Mr. 11:23).

Una vez oré por una mujer que tenía un dolor agudo en todo su cuerpo. El dolor había estado presente por siete años, y la fecha que los doctores habían pronosticado para su muerte había ya pasado tres años antes de que yo la conociera. Ella estaba en un estado terrible. Yo le expliqué el origen de la autoridad del creyente y la necesidad de hablarle directamente al problema, y procedí a orar por ella. Ella sanó instantáneamente y empezó a alabar a Dios.

Después de que fue sanada, me pasé otros veinte minutos indicándole que no dejara de creer que Dios la había sanado. Tener un síntoma de enfermedad después de que oraste no quiere decir que no fuiste sanado. Es como la higuera que se secó de raíz: en algunas ocasiones se necesita algo de tiempo para ver que la sanidad se manifieste totalmente y para que tus sentidos puedan percibirlo. También, el diablo va a tratar de ponerte a prueba para ver si tú verdaderamente creíste cuando oraste. Él volverá a darte síntomas, como si estuviera tocando a la puerta, para ver si abres y le permites que vuelva a entrar. El diablo quiere ver si puede disuadirte para que dejes de creer que Dios ya te sanó. Una de la maneras de hacerlo es poniéndote otra vez síntomas o pensamientos que te recuerden cuando estabas enfermo. Si vuelves a tener otro dolor o síntoma, simplemente háblale a ese dolor. Cree que Dios ya te dio poder, luego resiste el dolor o la enfermedad y éstos huirán de ti.

Cuando terminamos de hablar, se preparó para partir, pero tan pronto como ella tocó la manija de la puerta para abrirla, volvió a sentir ese dolor agudo. Le recordé que acababa de pasarme veinte minutos enseñándole qué es lo que debería hacer, y le dije que yo iba a estar apoyándola mientras ella oraba.

Ella dijo: "Yo exijo mi sanidad, en el nombre de Jesucristo. Por Tus llagas fui sanada". Ella oró por un rato más, y dijo unas cosas buenas, pero no ejerció su autoridad ni le habló directamente al problema.

"¿Todavía tienes el ardor?" le pregunté.

"Sí", ella contestó.

"Es porque no le hablaste al ardor", le dije, "tú hablaste con Dios y declaraste tu fe en Dios, pero tú no tomaste tu autoridad ni le hablaste directamente al problema".

"¿Me estás dando a entender que se supone que debo decir: 'Ardor salte en el nombre de Jesús?'"

"Exactamente", le contesté.

Nos tomamos las manos para orar de nuevo y ella dijo: "Ardor, en el nombre de Jesús…"

Ni siquiera terminó de decirlo y el ardor ya se había esfumado de su cuerpo. Ya han pasado unos ocho años más o menos y desde entonces ella ha estado totalmente libre de ese problema.

Muchos creyentes están haciendo exactamente lo que esa mujer hizo: están diciendo cosas buenas, pero no están tomando la autoridad que Dios les ha dado ni la están usando. Pedro dijo: "Lo que tengo te doy", y le ordenó al hombre cojo que sanara. Dios ha puesto Su poder y autoridad en nuestro interior, pero es nuestra responsabilidad usarlo. Una vez que empieces a usar lo que Dios te ha dado, en vez de pedirle que lo haga por ti, verás un cambio drástico en los resultados que obtienes cuando oras.

Materiales Complementarios en Español:

1. La Autoridad del Creyente es un libro de Andrew Wommack (también está disponible en inglés) que revela la importancia espiritual de tus decisiones, tus palabras, y tus acciones y la manera como éstas afectan tu capacidad para resistir los ataques de Satanás y para recibir lo mejor de Dios para ti. Descubre las poderosas verdades que están contenidas en la verdadera autoridad espiritual y empieza a ver resultados genuinos. Consigue una copia en nuestra tienda en línea en http://www.awmi.net/store/usa/foreign_books/735

Materiales Complementarios en Inglés

1. *The Believer's Authority* es un estudio de seis partes en audio disponible para escucharlo o bajarlo gratuitamente en http://www.awmi.net/extra/audio/1045

2. *Don't Limit God* es un estudio trascendental de cinco partes que revela cómo limitamos a Dios en nuestras vidas, y lo que podemos hacer para liberarnos de las limitaciones a las que nosotros mismos nos hemos sometido. Está disponible para escucharlo o bajarlo gratuitamente en http://www.awmi.net/extra/audio/1060

3. *Spiritual Authority* es un estudio de seis partes en audio que pone al descubierto el engaño de Satanás y nos muestra el poder que Dios nos ha encomendado. Observa cómo aumentará tu fe y tu situación mejorará conforme recibas las verdades de tu autoridad espiritual en Cristo. Está disponible para escuchar o bajarlo gratuitamente en http://www.awmi.net/extra/audio/1017

10
UNA MEJOR MANERA DE ORAR

Recientemente en uno de mis seminarios de la *Verdad del Evangelio*, pedí que todos aquellos que creyeran en el poder de la oración levantaran la mano. Casi todos los presentes levantaron sus manos. Después pedí que todos los que ven todas sus oraciones contestadas permanecieran con la mano levantada. Casi todas las manos se fueron abajo. Eso demostró un problema común entre los Cristianos hoy en día: muy pocas personas están viendo respuestas a sus oraciones con regularidad. Pero la Biblia enseña que todo aquel que busca encuentra, y que todo aquel que pide recibe:

Pedid, y se os dará; buscad, y hallaréis; llamad, y se os abrirá. Porque todo aquel que pide, recibe; y el que busca, halla; y al que llama, se le abrirá.

MATEO 7:7-8

Es claro que, por allí hay un problema—y sabemos que el problema no es Dios. Yo creo que hay una mejor manera de orar, una manera tal que nos lleva a encontrar lo que buscamos y a recibir lo que pedimos. No es la **única manera** de orar, y Dios no se enoja contigo si tú oras de una manera diferente. Lo que yo creo es que que hay una manera más eficaz de orar para que nosotros logremos mejores resultados.

Debo añadir que las maneras de orar que estoy a punto de aconsejarte que no practiques, yo las he practicado todas. Así que, no estoy diciendo que no serás salvo a menos que ores como yo lo hago. En el pasado, yo he orado de muchas maneras "equivocadas", aunque yo amaba a Dios y lo estaba haciendo con un corazón puro. En fin, al pasar el tiempo, he descubierto que la Palabra de Dios enseña una mejor manera de orar. Al adaptarme a ésta, estoy obteniendo mejores resultados de los que había obtenido con anterioridad.

Cuando Jesucristo enseñó sobre la oración, Él invirtió tiempo identificando las maneras equivocadas de orar. Por lo tanto, antes de que profundice sobre la mejor manera de orar, quiero hablar sobre lo que la oración no es. Una de las primeras cosas que Jesucristo les enseñó a los discípulos de la oración fue:

Cuando ores, no seas como los hipócritas; porque ellos aman el orar en pie en las sinagogas y en las esquinas de las calles, para ser vistos de los hombres; de cierto os digo que ya tienen su recompensa.

MATEO 6:5

El Señor hizo una declaración sorprendente aquí: Él dijo que a los hipócritas les encanta orar. De modo que la oración, por sí misma, no tiene valor. Todas las religiones del mundo practican la oración. Algunos fieles se arrodillan sobre una colchoneta varias veces por día para orar, y después se levantan y salen a matar gente en el nombre de Dios. Son devotos; sin embargo su vida contradice todo lo que la Palabra de Dios revela. Esas personas acostumbran orar, pero no tienen comunicación con Dios. Desgraciadamente, también hay muchas religiones Cristianas que practican la oración todo el tiempo, pero los fieles de esas religiones tampoco se están comunicando con Dios. La oración no es eficaz a menos que te estés comunicando con Dios. La comunicación requiere interacción; por lo tanto es necesario que Dios te responda.

La oración también debe ser genuina. He escuchado a gente que cambia su tono de voz cuando oran y que empiezan a hablar en lenguaje antiguo. "Os pedimos", dicen, "Si tú pudierais, hacer esto y esto". Supongo que hay casos en los que una persona ha escuchado oraciones como esas tantas veces que cree que tiene que hablar de esa manera para poder comunicarse con Dios, pero por lo general no es nada más que hipocresía religiosa. Dios no habla en lenguaje antiguo. Yo uso la versión *King James* de la Biblia, pero no oro con el lenguaje de la versión King James. No le profetizo a la gente con el lenguaje de la versión King James.

Cambiar tu tono de voz o tu personalidad para hablar con Dios no quiere decir que se trata de una oración genuina. Dios quiere que le hablemos a Él como si fuera una persona real. Tenemos que deshacernos de todas los adornos religiosos exteriores. Tú no tienes que tener las manos juntas y los ojos cerrados, ni tienes que estar arrodillado para orar. Esas cosas estan bien en algunas ocasiones, pero no son requisitos.

La oración simplemente es comunicación con Dios. Inclusive la meditación, o aquello en lo que estás pensando, puede ser una oración para Dios. Las Escrituras dicen: *"ESCUCHA, oh Jehová, mis palabras; considera la meditación mía. Está atento á la voz de mi clamor, Rey mío y Dios mío, porque á ti oraré"*. (Sal. 5:1-

112 MÁS CORTANTE QUE UNA ESPADA DE DOS FILOS

2 Reina Valera Antigua). No toda la oración debe ser verbalizada; puede ser la meditación de tu corazón. Cuando Jesucristo llegó a la tumba de Lázaro y estaba a punto de resucitarlo de entre los muertos, Él dijo: "Padre, te doy gracias que tú me has escuchado" (Jn 11:41), pero Él todavía no había verbalizado una oración. Aparentemente, Jesucristo había orado en Su corazón. Él estaba en comunicación constante con Dios, y no solamente cuando decía algo.

Imagínate que vas a ver a tu pastor para que te aconseje; al llegar a su oficina tú inmediatamente empiezas un monólogo que dura una hora. Tú nunca le das a tu pastor la oportunidad de que te retroalimente, y cuando la hora se termina le dices: "Gracias", y sales de su oficina. Eso no es algo muy inteligente. El propósito de acudir a alguien para que te dé un consejo es escuchar lo que esa persona te va a decir.

Yo tenía un amigo íntimo que era pastor, y acostumbrábamos orar juntos. Recuerdo que en una ocasión me estaba haciendo el relato de cuando Dios le habló mientras se estaba bañando. Mi amigo se detuvo en medio del relato y me dijo:

"Me pregunto, ¿por qué Dios siempre me habla cuando me estoy bañando o cuando salgo a correr?"

"Oro por varias oras todos los días", dijo, "y Dios nunca me habla cuando estoy orando. Siempre recibo revelaciones de Dios cuando estoy en la ducha o en alguna otra actividad".

En el momento que él hizo esa pregunta, yo pensé: "Yo sé exactamente por qué Dios no te habla cuando oras".

Su boca era como una metralleta cuando oraba.

Él empezaba a orar y "¡bum, bum, bum!", y casi ni se detenía para respirar.

Él no estaba obteniendo revelación cuando oraba porque nunca le daba a Dios la oportunidad de decir algo. El Señor a duras penas podía decir algo. La oración no es eficaz si tú no permites que Dios hable.

Además de que hablamos mucho, tendemos a destinarle a la oración a un momento específico de nuestro día. Una vez una persona vino a visitarme a mi oficina y me preguntó cuánto tiempo oraba yo cada día. Mi esposa y yo nos habíamos pasado juntos el día anterior. No estuvimos platicando todo el tiempo, pero estuvimos juntos haciendo varias cosas. Comimos juntos, paseamos en el carro, y pasamos un día maravilloso. Mientras consideraba la pregunta y trataba de cuantificar cuánto tiempo oraba cada día, el Señor me habló.

El Señor me preguntó: "¿Cuánto tiempo pasaste ayer con Jamie?"

"Todo el día", pensé.

Entonces el Señor dijo: "Yo estoy disponible veinticuatro horas al día. ¿Por qué reduces el tiempo que usas para comunicarte conmigo a treinta minutos o una hora al día?"

Jamie y yo tendríamos una relación muy mala si yo la ignorara cuando estamos juntos, o cuando estamos cenando, o paseando en el coche, o si yo ni me percatara de que ella está presente en la misma habitación que yo. Dios está con nosotros todo el tiempo. **Podemos pasar**

todo el día en la presencia del Señor. En vez de apartar únicamente ciertos tiempos para la oración, podemos estar conviviendo continuamente con Dios.

Yo he desarrollado un estilo de vida por medio del cual mantengo mi mente enfocada en el Señor sin importar qué es lo que esté haciendo. Inclusive cuando estoy ocupado grabando programas de televisión, continúo escuchando al Señor. Dios me habla y me recuerda cosas y yo estoy conviviendo continuamente con Él—eso es la oración. Jesucristo dijo:

> *Mas tú, cuando ores, entra en tu aposento, y cerrada la puerta, ora a tu Padre que está en secreto y tu Padre que ve en lo secreto te recompensará en público.*
>
> **MATEO 6:6**

La oración no debe ser algo que hacemos para tener el reconocimiento de la gente. Alguien que está tratando de comparar la cantidad de tiempo que pasa en oración con la de otras personas pasan, está orando motivado por razones equivocadas. El simple hecho de pasar tiempo orando no te hace acreedor al favor del Señor. El motivo de la oración debería ser que deseamos convivir y tener una buena relación con Dios. Además, Jesucristo dejó muy claro que la cantidad de tiempo no es lo que hace que la oración sea buena:

> *Y orando, no uséis vanas repeticiones, como los gentiles, que piensan que por su palabrería serán oídos.*
>
> **MATEO 6:7**

Entre las mejores oraciones que puedes pronunciar están las cortas, como por ejemplo **"¡Ayuda!"** Ésa es una oración muy buena. Jesucristo vio grandes milagros cuando oraba, pero Él oraba de manera abreviada y ¡al grano! "Calla, enmudece", calmaron la tormenta violenta. "¡Lázaro, ven fuera!", fue suficiente para resucitar al muerto. Muchas veces cuando hacemos oraciones largas es sólo porque estamos tratando de influenciarnos a nosotros mismos para creer. De hecho las oraciones cortas requieren una fe grande. Jesucristo dijo que no vamos a ser escuchados por la cantidad de tiempo que oremos, porque la calidad de la oración es mucho más importante que su cantidad.

Los discípulos le pidieron a Jesucristo que les enseñara a orar, y Él les enseñó un modelo para orar que se conoce como "el Padre Nuestro" (Mt. 6:9-14). Éste comienza alabando a Dios, lo cual es congruente con lo que está escrito en los Salmos, donde se lee: "Entrad por sus puertas con acción de gracias, por sus atrios con alabanza; Alabadle, bendecid su nombre" (Sal. 100:4). También termina con alabanza, y la parte de en medio es una petición: "el pan nuestro de cada día, dánoslo hoy". Es un gran modelo para orar, pero el propósito nunca fue que se recitara de la manera como hoy lo hacen tantos Cristianos. Quizá reporta algunos beneficios si se recita, pero eso no es el meollo del asunto. Jesucristo solamente lo ofreció como **una manera** de orar. Te muestra que debes entrar por sus puertas con acción de gracias, poner tu petición en medio, y terminar alabando a Dios.

La memorización irreflexiva y la recitación de oraciones son palabrería. Si observas a algunos de los grupos que oran múltiples veces en un día, cada una de ellas a una hora determinada, te darás cuenta de que esas personas solamente están realizando un ritual y entonando un "mantra". No hay convivencia con Dios. Estoy diciendo esto con amor, pero el simple hecho de rezar el rosario o de recitar una versión estándar del "Padre Nuestro" son repeticiones vanas. No deberíamos estructurar tanto la oración que no nos permita tener una verdadera convivencia con Él.

También tengo que señalar que hay una gran diferencia entre la manera como la gente oraba bajo el Antiguo Pacto, y la manera como oramos bajo el Nuevo Pacto. Por ejemplo, después de que se descubrió que David había cometido adulterio y que se sacó a luz el asesinato del esposo de Betsabé, David oró:

> *Crea en mí, oh Dios, un corazón limpio, y renueva la firmeza de mi espíritu. No me alejes de tu presencia ni me quites tu santo Espíritu.*
>
> **SALMO 51:10-11**
> **Nueva Versión Internacional**

Era apropiado para David orar con esas palabras porque él no era vuelto a nacer, pero bajo el Nuevo Pacto está mal que nosotros le pidamos a Dios que Él cree en nosotros un corazón limpio o que renueve nuestro espíritu. Dios te dio un corazón limpio cuando volviste a nacer, y tú nunca puedes dejar de tener un corazón limpio. Quizá tu cuerpo y tu mente están contaminados, pero tu espíritu vuelto a nacer está sellado por el Espíritu Santo y siempre conserva la comunión con Dios (Ef. 1:13).

Las oraciones que se dicen hoy con frecuencia son totalmente contrarias a la Palabra de Dios. La gente inicia los servicios en la iglesia diciendo: "Oh Dios, por favor quédate con nosotros hoy en nuestra reunión...", cuando en realidad Dios ha prometido que Él nunca te dejará ni te abandonará (He. 13:5). Las oraciones como éstas muestran que se carece del entendimiento de lo que nos sucedió cuando fuimos vueltos a nacer. Nos convertimos totalmente en nuevas criaturas: las cosas viejas pasaron, he aquí todas son hechas nuevas, y fuimos hechos la justicia de Dios en Cristo Jesús (2 Co. 5:17). No tenemos que abordar a Dios por medio de un mediador como lo hacían en el Antiguo Pacto, y no tenemos que pedirle a Dios que nos haga merecedores. Jesucristo nos hizo merecedores.

Otro concepto equivocado de la oración que se difunde hoy en las conferencias de "la guerra espiritual" es que tú tienes que lograr que tus oraciones pasen a través de la oposición demoniaca en los cielos para que Dios pueda recibirlas. Toda la idea de que tienes que hacer un agujero en los cielos para que tus oraciones puedan alcanzar a Dios está totalmente equivocada. Todo creyente que es vuelto a nacer es el templo del Espíritu Santo (1 Co. 6:19). Dios vive dentro de ti, por lo tanto tú no necesitas que tu oración llegue más allá de tu nariz. Es verdad que tenemos un enemigo, pero el diablo no puede evitar que te comuniques con Dios.

Como he dicho, en diferentes ocasiones, yo he hecho todo lo que acabo de enseñar que está mal. Cuando por primera vez me emocioné verdaderamente con el Señor, yo quería pasar más tiempo enfocado en la oración, así que implementé una rutina. Oraba desde las 7:00 a.m. hasta las 9:00 a.m. todas las mañanas. Dejaba de hacer lo que estuviera haciendo y oraba por una o dos horas. Lo hacía como una disciplina para enfocarme en Dios, y probablemente había algo de beneficio en eso, pero pasados unos meses ya no quería ni empezar a pensar en esa rutina. Oraba por unos cinco minutos y pensaba que había pasado una hora. No sabía cómo orar. No me estaba conectando con

Dios. Hablaba mucho, pero creo que no estaba escuchando. Era un monólogo, y se convirtió en un ritual.

Una mañana, cuando ya casi daban las 7:00 a.m., le dije al Señor: "Dios, tengo que ser honesto, de todas maneras Tú conoces mi corazón: no me gusta pensar acerca de este tiempo de oración".

"A partir de las 6:30 ya no quiero ni pensar en eso", dije.

"Andrew", me dijo el Señor: "No te sientas mal. A partir de las 6:00 yo tampoco quiero ni pensar en eso".

Pensé: "Si Dios no lo está disfrutando, y yo no lo estoy disfrutando, entonces ¿por qué lo estoy haciendo?" Me di cuenta que nada más era un ejercicio ritualista. Era algo que yo estaba haciendo para sentirme como un santo, pero yo no me estaba comunicando con Dios.

El propósito de la oración es simplemente la relación con Dios—es convivir y tener amistad con Él. Hay ocasiones en que tenemos que usar la autoridad que Dios nos ha dado y tenemos que ordenarle a la enfermedad y a los obstáculos que se vayan, pero el objetivo principal de la oración es establecer una relación con Dios. Es una oportunidad para que nosotros pasemos tiempo con nuestro Padre Celestial, y para que seamos transformados aun más en Su imagen.

Dios siempre está presente, y la sangre de Jesucristo ha posibilitado que nosotros entremos al lugar Santísimo (He. 10:19). El velo se rasgó en dos, y los obstáculos que separaban a la humanidad de Dios bajo el Viejo Pacto han sido removidos. Ahora, podemos acercarnos con libertad al trono de Dios y saturarnos de Su presencia.

Materiales Complementarios en Español:

1. *"Una Mejor Manera de Orar"* es un libro de Andrew Wommack (también está disponible en inglés) que habla de que puedes orar de una mejor manera si no estás obteniendo los resultados que deseas. Puedes obtener una copia en nuestra tienda en línea en http://www.awmi.net/store/usa/foreign_books/736

Materiales Complementarios en inglés:

1. *A Better Way to Pray* es un estudio de cinco partes en audio disponible para escucharlo o bajarlo gratuitamente en http://www.awmi.net/extra/audio/1042

2. *How to Become a Water Walker: Lessons in Faith* es un estudio de cinco partes en audio disponible para escucharlo o bajarlo gratuitamente en http://www.awmi.net/extra/audio/1037

3. *How to find God's Will* es un estudio de cinco partes en audio disponible para escucharlo o bajarlo gratuitamente en http://www.awmi.net/extra/audio/1066

   How to Follow God's Will es un estudio de cinco partes en audio disponible para escucharlo o bajarlo gratuitamente en http://www.awmi.net/audio/1067

4. *How to Fulfill God's Will* es un estudio de cinco partes en audio disponible para escucharlo o bajarlo gratuitamente en http://www.awmi.net/extra/audio/1068

5. *Hebrews Highlights* es un estudio de cinco partes en audio que enseña la diferencia entre nuestra manera de abordar la oración bajo el Nuevo Pacto y la manera de abordarla en el Antiguo Pacto. La mayoría de los creyentes no han comprendido la diferencia; todavía están combinando lo viejo con lo nuevo, y ésa es la razón por la que no tienen victoria. Hebreos fue escrito

para abordar este tema. Este estudio está disponible para escucharlo o bajarlo gratuitamente en http://www.awmi.net/extra/audio/1061

11
LOS EFECTOS DE LA ALABANZA

Tú puedes tomarle el pulso espiritual a una persona si examinas qué tan agradecida es. La cantidad de tiempo que te pasas alabando a Dios es el indicador más importante del estado de tu relación con el Señor. Cualquier persona que no está alabando a Dios y operando con gratitud—a pesar de lo que esté sucediendo en su vida—en realidad no entiende lo que Dios ha hecho por ella. La mayoría de la gente está satisfecha con alabar a Dios cuando las cosas van bien, pero su alabanza se interrumpe cuando el estrés de la vida empieza a ejercer presión. Sin embargo en los tiempos en que hay conflicto es cuando deberíamos alabar a Dios aun más. La alabanza edifica tu fe, echa al diablo fuera, y bendice a Dios.

La alabanza no debería ser el último vagón del tren que va siguiendo las circunstancias de tu vida. Debería ser la locomotora que va dirigiendo el curso de tu vida. La alabanza te abrirá nuevas posibilidades. Cambiará tus circunstancias. Las Escrituras dicen:

Por tanto, de la manera que habéis recibido al Señor Jesucristo, andad en él; arraigados y sobreedificados en él, y confirmados en la fe, así como habéis sido enseñados, abundando en acciones de gracias.

COLOSENSES 2:6-7

Date cuenta de que nos confirmamos en la fe por medio de la gratitud. La alabanza es una forma superior de la fe. Durante las pruebas difíciles, abundar en la fe incluye alabar a Dios mientras esperas que la manifestación de Su poder te ayude a atravesar esa situación. La alabanza hace que la fe prospere, y muchos versículos dicen que deberíamos dar gracias en cualquier situación. Por ejemplo,

Bendeciré a Jehová en todo tiempo; su alabanza estará de continuo en mi boca.

SALMO 34:1

No dice que alabes a Dios cuando sientas ganas, o cuando las cosas van muy bien. Dice **en todo tiempo.** La Palabra nos dice que alabemos a Dios porque eso hace que pongamos nuestra atención en Dios en vez de en nuestros problemas. Si el doctor te dice que tienes una enfermedad terminal, acuérdate que la Palabra de Dios dice que demos gracias en cualquier circunstancia. Empieza a alabar a Dios, para que vuelvas a poner tu atención en la voluntad que Dios tiene para ti y eso edificará tu fe para que recibas un milagro.

Tu vida va en la dirección de tus pensamientos más dominantes (Pr. 23:7). Cualquier cosa en la que pienses y en la que pongas tu atención determinará el curso de tu vida. Los pensamientos que se concentran en las circunstancias a tu alrededor solamente producen desánimo. Poner la atención en tus circunstancias solamente estorbará tu fe. En cambio, la alabanza, establecerá tu fe. Sacará provecho del poder de Dios y te permitirá recibir la provisión que Jesucristo compró para ti en la cruz.

Alabar a Dios no significa que debas decir: "Gracias, Padre, que nada más tengo seis meses de vida. Te alabo porque voy a morir". Significa que ves más allá de tu problema y ves las promesas de la Palabra de Dios y dices: "Gracias, Padre, que aunque el doctor dice que estoy enfermo, tu Palabra dice que no moriré, sino que viviré, y contaré las obras de Jehová (Sal. 118:17). Tu Palabra dice que Tú deseas que yo prospere y que tenga salud, así como prospera mi alma (3 Juan 2). Por tu herida fui sanado (1 P. 2:24)". Conforme alabas a Dios y pones tu atención en Su Palabra, dirigirás tu atención a la promesa en vez del problema. Poner tu atención en la Palabra edifica tu fe porque la fe viene por el oír (Ro. 10:17).

La fe es la certeza de lo que se espera, y la convicción de que ya sucedió—aunque tú no puedas sentirlo ni verlo (He. 11:1). Piensa al respecto por un momento. ¿Cómo reaccionarias si tú tuvieras fe en que Dios te iba a dar un millón de dólares, y yo me acercara a ti y te diera un cheque por esa cantidad? Si tú tuvieras la seguridad de que mi cheque cuenta con fondos, y creyeras que ésa era la respuesta a tu oración, tú lo celebrarías. Quizá una persona salte y grite. Otra quizá hasta podría empezar a llorar. Otra se arrodillaría y levantaría sus manos alabando a Jesús. Sería diferente de una persona a otra, pero habría alguna reacción de alabanza. De la misma manera, la fe no está completa hasta que se combina con la alabanza.

Si no estás alabando a Dios—inclusive antes de que veas la manifestación física de aquello que esperas— entonces tu fe no está completa. Todavía no has abundado en la fe. En realidad no puedo exagerar lo importante que la alabanza es para la fe.

Yo me he topado con circunstancias negativas en mi vida, y las he atravesado con alabanza. Durante tiempos difíciles, pongo mi atención en Dios y pienso: "¿Qué es lo peor que podría suceder?" Lo peor que podría suceder es que yo me muera—pero si me muero me voy con el

Señor. Empiezo a pensar que en el cielo no hay penas, y ya no hay dolor. No tendré ningún problema en el cielo. Conforme piensas en las promesas de Dios, el problema se reduce a un tamaño que facilita su manejo. Toma situaciones gigantescas que parecen montañas y las convierte en pequeñas colinas que puedes pasar sin dificultad. De repente te das cuenta de que el problema que estás enfrentando no es gran cosa.

La alabanza afecta de una manera trascendental al creyente, y también es un arma en contra del diablo. Cuando Jesucristo entró a Jerusalén montado en una asna unos días antes de que lo crucificaran, la gente se alineo haciendo valla y tendían ramas de árboles en el camino delante de Él, gritando: "¡Hosanna al Hijo de David!". Después las multitudes siguieron a Jesucristo por todo el camino hasta el templo y continuaron alabándolo. Cuando los principales sacerdotes y los escribas escucharon las cosas que se decían, le preguntaron: "¿Oyes lo que éstos dicen?" Y Jesucristo les contestó:

Sí; ¿nunca leísteis: De la boca de los niños y de los que maman perfeccionaste la alabanza?

MATEO 21:16

Él estaba citando un pasaje del Antiguo Testamento, que dice:

De la boca de los niños y de los que maman, fundaste la fortaleza, a causa de tus enemigos, para hacer callar al enemigo y al vengativo.

SALMO 8:2

Estos dos versículos juntos nos muestran que **la alabanza es la fortaleza para hacer callar al enemigo y al vengativo.** La razón que explica esto tiene que ver con el principal motivo por el cual Satanás actuó en contra de Dios. Isaías el profeta nos dice que Satanás tenía envidia de Dios porque él quería para sí la alabanza que Dios estaba recibiendo (Is. 14:13-14). El orgullo hizo que Satanás quisiera ser como Dios. Yo creo que la razón por la que la alabanza afecta al diablo de una manera tan efectiva es que cuando alabamos a Dios, el diablo se irrita porque se acuerda de aquello que siempre ha querido pero que nunca tendrá. Es como burlarse del diablo y eso lo enfurece.

Todos hemos conocido gente egoísta que piensa que la vida gira alrededor de ellos. Son personas que necesitan toda la atención, y si la conversación no se centra en ellos se molestan. Es una actitud que proviene del diablo. Satanás es la persona más egoísta del universo. Está celoso de Dios, y cuando tú empiezas a alabar a Dios, eso enloquece al diablo. No soporta escuchar que Dios sea alabado. La alabanza hace que el diablo se enoje, y huya.

Alabar a Dios hace que desaparezcan todas las heridas, el dolor, y la opresión demoniaca con la que Satanás ha tratado de atarte. Abre tu corazón y te prepara para recibir de Dios. Uno de los ejemplos clásicos es el de Pablo y Silas, quienes fueron azotados y echados en la cárcel de Filipos. Después de que los azotaron, el carcelero los metió en el calabozo de más adentro y puso sus pies en el cepo. A medianoche Pablo y Silas empezaron a orar y a cantar alabanzas a Dios (Hch. 16:25). De repente, sobrevino un gran terremoto y todas las puertas de las celdas de los prisioneros se abrieron y sus cadenas se soltaron.

Cuando se dio el milagro, Pablo y Silas no dejaron de alabar a Dios ni se escaparon de la prisión. El carcelero supuso que todos se habían escapado y estaba a punto de quitarse la vida, pero Pablo clamó y le pidió que se detuviera porque todos los prisioneros todavía estaban allí. El milagro mayor aquí es que ninguno de los criminales se escapó. Fueron tan impactados por la alabanza y el poder de Dios que prefirieron quedarse en la prisión donde estaba la unción de Dios, que tomar ventaja de la situación para huir.

Esto muestra que Pablo y Silas no alabaron a Dios solamente para soltarse de sus cadenas. Ellos alabaron a Dios porque estaban enamorados de Él. Su amor por Dios los impulsó a alabarlo—a pesar de que sus espaldas estaban sangrando y de que ellos habían sido metidos a la cárcel por una injusticia. La alabanza tiene poder, y libera la unción de Dios. Dios habita entre las alabanzas de su gente (Sal. 22:3), y cuando tú empiezas a alabar a Dios, la alabanza lleva el poder y la unción del Señor hacia una manifestación. La alabanza romperá tus cadenas, hará correr al diablo, y te sacará de malas situaciones.

Aún más, la alabanza tiene otro beneficio de mayor importancia: bendice a Dios. Y es una manera de darle algo a cambio.

Dios es el todo poderoso, pero eso no quiere decir que nosotros no podemos hacer nada que le ayude a Él. Jesucristo tuvo necesidades cuando estuvo en la tierra, y mucha gente le sirvió haciendo cosas como cocinar y darle ayuda. Dios es amor (1 Jn. 4:8), y al amor le gusta ser correspondido. Dios nos amó tanto que dio a Su Hijo unigénito para que muriera por nosotros, para restaurarnos a una relación correcta con Él (Jn. 3:16). Nuestra alabanza es el agradecimiento que le revela a

Dios lo mucho que valoramos lo que Él ha hecho por nosotros. Corresponde al amor con el cual Él nos amó primero, y le bendice a Dios.

Muchos versículos del Antiguo Testamento exhortaban a Israel a "bendecir al Señor". Hoy esto se ha convertido en un cliché religioso. Ahora bien, la gente dice: "Bendice al Señor" en todo tiempo, pero las palabras en sí no son necesariamente una bendición para Dios. Bendecir al Señor es decir: "Padre, te amo. Gracias por ser un Dios bueno. Gracias porque actúas en mi vida". Darle las gracias a Dios es lo que lo bendice.

Dios tiene emociones. Él no está controlado por Sus emociones como la gente, pero sí las tiene. Le bendice a Dios que tú le des alabanza. Dios dio todo por nosotros. Lo mínimo que podemos hacer es ser agradecidos. En nuestras propias vidas, a nosotros nos gusta que nos den las gracias cuando nos sacrificamos para hacer algo por otra persona. Es agradable cuando alguien reconoce lo que hemos hecho y dice: "Gracias". La alabanza simplemente es una manera de agradecerle a Dios por lo que Él ha hecho.

En una ocasión, mientras Jesús estaba viajando de Galilea a Jerusalén, diez leprosos clamaron a Él pidiéndole que tuviera misericordia de ellos (Lc. 17:12-19). Jesucristo les dijo que fueran y se mostraran al sacerdote (el sacerdote tenía que examinar a cualquiera que hubiera sido curado de lepra para determinar si estaba limpio). Mientras iban, fueron limpiados. Uno de ellos, cuando vio que había sido sanado, volvió a Jesucristo y a gran voz le daba las gracias a Dios. Jesucristo contestó:

¿No son diez los que fueron limpiados?
Y los nueve, ¿dónde están? ¿No hubo

quien volviese y diese gloria a Dios sino este extranjero? Y le dijo: Levántate, vete; tu fe te ha salvado.

LUCAS 17:17-19

La lepra es una enfermedad que pudre la piel, y finalmente hace que partes y miembros del cuerpo se caigan. Las Escrituras dicen que diez fueron limpiados, pero sólo el que regresó a darle las gracias a Dios fue totalmente sanado. Yo creo que esto quiere decir que la lepra cesó para todos ellos, pero solamente una persona fue restaurada. Lo cual quiere decir, que cualquier parte de su cuerpo que se había caído fue restaurada. La restauración ocurrió porque él regresó para bendecir al Señor.

Recuerdo el día que llevé a mis hijos a montar a caballo cuando ellos tenían cerca de seis y cuatro años de edad. Fue un día espléndido. Jugamos en el arroyo, nos ensuciamos, comimos golosinas, y montamos a caballo todo el día. Al final del día, nos limpiamos y los metí en la cama. Cuando estaba apagando la luz para salir del cuarto de mi hijo Pedro, él dijo: "¡Papá, eres un buen padre!" Esas palabras me bendijeron. Eso hizo que sintiera ganas de sacarlo de la cama para montar a caballo otra vez, tan sólo para poder escuchar que lo dijera una vez más. Desde esa noche, le he dicho al Señor: "Dios, eres un buen Dios", miles de veces.

Te aseguro que Dios es bendecido cuando Sus hijos le agradecen lo bueno que Él es. Tú fuiste creado para complacer a Dios (Ap. 4:11), y bendecir a Dios hace que Él sienta ganas de bendecirte aún más. Así que, además de edificar tu fe para que recibas del Señor y hacer que el diablo huya, la alabanza le ministra a Dios. Es una manera de agradecerle lo que Él ha hecho en tu vida, y de abrir tu corazón para que recibas aún más de Su parte.

Materiales Complementarios en Inglés:

1. *The Effects of Praise* es un estudio de tres partes en audio disponible para escucharlo o bajarlo gratuitamente en http://www.awmi.net/extra/audio/1004

2. *The Effects of Praise* es un libro de Andrew Wommack que muestra cómo la simple acción de la alabanza empieza a cosechar paz, gozo, contentamiento, y alegría ¡en todas las áreas de tu vida! Por medio de la alabanza, por fin podrás vencer la ansiedad, la depresión, y el estrés en tu vida. Consigue una copia en la tienda de libros o en nuestra tienda en línea en: http://www.awmi.net/stroe/usa/books/309

3. *How to Stay Positive in a Negative World* es un estudio de cinco partes en audio. Si tú ves las noticias, lees el periódico, o escuchas las conversaciones negativas de la gente que te rodea por un período de tiempo, te darás cuenta de que estás desanimado. Este estudio te mostrará cómo puedes elevarte por encima del ruido de las actitudes negativas y cómo puedes vivir tu vida de acuerdo a las promesas de la Palabra de Dios. Está disponible para escucharlo o bajarlo gratuitamente en http://www.awmi.net/extra/audio/1065

4. *"Ministering unto God"* es un estudio en audio disponible para escucharlo o bajarlo gratuitamente en http://www.awmi.net/extra/audio/k135

12
EMPUÑA LAS RIENDAS DE TUS EMOCIONES

La vida sería muy aburrida sin emociones. Pasaríamos de una experiencia sosa a la siguiente como robots. Afortunadamente, Dios nos creó para poder experimentar la vida con emociones—pero nunca fue su intención que nosotros estuviéramos gobernados y controlados por éstas. Las emociones fuera de control hacen que la vida sea deprimente. Como creyentes, no podemos permitir que nuestras emociones gobiernen nuestras vidas.

Yo dudo que haya una sola persona entre las que aman a Dios que se levanta en la mañana diciendo: "Pienso que hoy voy a estar deprimido" o "quiero ser un desdichado". No puedo imaginarme que alguien quiera estar bajo el control de emociones dañinas. Sin embargo cuando los problemas se presentan, la mayoría de la gente siente que es totalmente impotente para evitar que las emociones negativas los dominen. No se dan cuenta de que tienen poder para embridarlas. La Palabra de Dios nos dice:

Estad siempre gozosos. Orad sin cesar. Dad gracias en todo, porque esta es la voluntad de Dios para con vosotros en Cristo Jesús.

1 TESALONISENSES 5:16-18

Éste es solamente uno de los muchos versículos que nos dicen que estemos gozosos en todas las circunstancias. Dios no nos habría ordenado que controláramos nuestras emociones si no pudiéramos hacerlo. El solo hecho de que se nos ordena que nos alegremos y que alabemos a Dios todo el tiempo es prueba de que podemos hacerlo.

Dios dice que podemos empuñar las riendas de nuestras emociones, pero la cultura popular nos motiva a hacer precisamente lo opuesto. Los psicólogos le dicen a la personas que no se repriman. Dicen que tienes que darle rienda suelta a tus emociones, y que debes desahogarte. Ese punto de vista tiene su raíz en la falsa suposición de que nuestro estado emocional es una reacción automática por las cosas que nos están sucediendo en la vida. La idea es que tú no puedes hacer nada para evitar que las emociones se exacerben y te controlen, así que es mejor dejar que se desboquen. Pero eso no es verdad. Yo no niego que podemos ser lastimados, ni que tengamos reacciones emocionales negativas, pero podemos negarle a esas emociones la oportunidad de gobernar nuestras vidas.

Recuerdo lo que pasó cuando estaba trabajando en un ministerio en Charlotte, Carolina del Norte alimentando a unas personas indigentes. Estaba hablando con un alcohólico y él se enojó tanto que me escupió residuos de tabaco directamente en la cara. Al principio, me enojé. Por un segundo sentí ganas de noquearlo, pero no lo hice. Yo sabía que Jesús lo amaba, y también sabía que yo tenía amor, gozo, y paz presentes en mi espíritu vuelto a nacer (Ga. 5:22). Así que, le negué a la cólera el privilegio de la venganza. Me limpié el escupitajo de la cara y continué predicando. Continué como si nada. Continué diciéndole lo mucho que Dios lo ama, y fui capaz de operar según mi espíritu vuelto a nacer y no según mis emociones.

La impotencia para controlar tus emociones cuando alguien te escupe en la cara, te pega, te insulta, te ignora, o te da una puñalada trapera, te pondrá en esclavitud. Tú no eres libre si tus emociones están dictando tu comportamiento. Las circunstancias en tu vida van a dominarte mientras le permitas a tus emociones que te gobiernen.

Cualquiera que dice que las reacciones emocionales ante las circunstancias son inevitables, y que tú no puedes evitar que esas emociones te controlen, equivocadamente ha reducido a los seres humanos puramente a la condición de animales que han evolucionado. Tú no eres un animal desarrollado. Tú no evolucionaste de un pez ni de animales. Tú fuiste creado a imagen de Dios, y tienes un hombre espíritu en tu interior que te da la capacidad de operar más allá de un nivel de animal. Tú no estás limitado a responder ante un estímulo de tu medio ambiente. Tu espíritu vuelto a nacer te da la capacidad para vivir de una manera sobrenatural. Piensa en esto:

Cuando alguno es tentado, no diga que es tentado de parte de Dios; porque Dios no puede ser tentado por el mal, ni él tienta a nadie; sino que cada uno es tentado, cuando de su propia concupiscencia es atraído y seducido. Entonces la concupiscencia, después que ha concebido, da a luz el pecado; y el pecado, siendo consumado, da a luz la muerte.

SANTIAGO 1:13-15

Hoy la gente de una manera estrecha define "concupiscencia" como un deseo sexual ilícito por otra persona; y se usa de esa manera en las Escrituras, pero también significa anhelo, o deseo. El significado de concupiscencia en estos versículos es "deseo". Todo hombre es tentado cuando es atraído y seducido por sus propios **deseos,** y después, cuando el deseo (o las emociones) conciben, el pecado nace. Éste es el meollo del asunto: Las emociones no son un producto derivado de tu medio ambiente. Son el lugar donde el pecado se concibe.

La imagen del pecado que es concebido, y que a su vez da a luz la muerte es un espejo del proceso natural de la concepción y el nacimiento. Una mujer concibe, y aproximadamente cuarenta semanas después da a luz. De la misma manera, una vez que el pecado es concebido en tus emociones, en última instancia da a luz la muerte. Es muy simple: las relaciones sexuales conducen a la concepción, lo cual conduce a dar a luz. En el ámbito natural, si un hombre y una mujer no quieren concebir un hijo, entonces no deberían tener relaciones sexuales. Funciona de la misma manera en el ámbito espiritual.

Cada vez que tú le das rienda suelta a las emociones negativas, estás concibiendo el pecado. El problema es que la mayoría de los Cristianos no reconocen ni sienten ninguna responsabilidad por esa concepción. La gente permite que sus deseos y sus emociones se desenfrenen pero cuando el nacimiento del pecado y la muerte empiezan a surgir, no quieren asumir la responsabilidad. Esencialmente, han permitido la concepción del pecado en sus emociones, y ahora que ya tienen nueve meses de embarazo no quieren dar a luz. Así no funciona. No trates de detener el nacimiento—detén la concepción. Si hay una batalla fuerte en tu interior, jalándote hacia el pecado, es porque tú ya habías concebido el pecado en tus emociones. Detén la concepción, así no tendrás que preocuparte por el nacimiento.

El pecado no sobreviene como el catarro, tiene que ser concebido. Nadie comete adulterio por accidente; el adulterio primero tiene que ser concebido en las emociones; empieza cuando te permites desear a una persona que no es tu cónyuge—ésa es la concepción. Podría ser algo tan insignificante como admirar la manera como algún personaje de la televisión trata a su cónyuge, para después permitirse tener fantasías y vivir con la imaginación. La gente cree que eso no tiene nada de malo. Piensan que como de hecho no están **haciendo** algo que perjudique a alguien, entonces no hay nada de reprobable en ello. No sienten ninguna responsabilidad en cuanto al control de sus emociones.

No quiero ofender a nadie, pero desde el punto de vista espiritual, cada vez que satisfaces las emociones negativas, es como si tuvieras relaciones sexuales con el diablo. El diablo está plantando una semilla en tu interior que va a madurar hasta que se convierta en pecado, lo cual finalmente traerá destrucción. Si tú reconocieras eso, te aseguro que cambiarías tu manera de pensar en cuanto a satisfacer tus emociones.

En vez de permitir que la depresión, el desánimo y otras emociones negativas te dominen, reconoce que la Biblia nos dice que nos esforcemos y que seamos valientes ante las circunstancias difíciles (Jos. 1:19). En muchos lugares la Palabra de Dios nos ordena que tomemos las riendas de nuestras emociones. Cada vez que tú desobedeces la orden y dejas que las emociones negativas te dominen, es cómo tener una aventura amorosa con el diablo. Tú sabes que no deberías sentirte de esa manera, pero sientes que no puedes evitarlo así que te das por vencido. Renunciar, o darse por vencido, va a plantar una semilla en tu interior que producirá algo que tú no quieres. Cuando el tiempo de dar a luz llegue, tú vas a clamar a Dios para que te salve.

No puedes darte el lujo de dar gusto a tus emociones y concebir el pecado si quieres vivir una vida victoriosa. Tienes que aprender a controlar tus emociones.

La noche cuando Jesucristo sufrió traición, Él apartó a sus discípulos para darles una última instrucción. Al día siguiente lo iban a crucificar, y los discípulos iban a caer en una situación terrible. Antes de la resurrección, parecía que el diablo había ganado. La crucifixión dio la apariencia de que toda la fe y la esperanza que los discípulos habían puesto en Jesús estaban mal encauzadas. Jesucristo estaba tratando de fortalecer a los discípulos para que pudieran enfrentar la situación— para impedir que se escaparan, y que se desanimaran. Las primeras palabras que Jesucristo usó para darles Sus últimas instrucciones fueron:

No se turbe vuestro corazón; creéis en Dios, creed también en mí.

JUAN 14:1

"No se turbe vuestro corazón" es una orden, y no una sugerencia. Jesucristo no dijo: "Hagan el intento de que su corazón no se turbe". Nuestra sociedad, con su filosofía de lo que es políticamente correcto, criticaría a Jesucristo porque actuó de una manera tan insensible con los discípulos al decirles que no deberían turbarse durante una crisis. Nuestra cultura les aconsejaría a los discípulos que dejaran que todo se fuera a la deriva y que desahogaran sus emociones. Jesucristo hizo lo contrario.

Yo creo que es significativo que lo primero que Él les dijo fue que controlaran sus emociones. En mi experiencia propia, conmigo mismo y en mi trato con otras personas en una crisis, me he dado cuenta que la reacción en los primeros momentos de una crisis es algo vital. Si tú te desmoronas como un castillo de arena al principio—si tú permites que el temor, la desesperanza, la pena, y el dolor te abrumen—es casi imposible vencer esas emociones y actuar con fe más adelante. Es mucho más fácil detener esas emociones para que nunca entren a tu vida que evitar que se manifiesten después de que las has estado acariciando.

Una noche, mi hijo mayor Joshua llamó y me dijo: "Papá, siento decirte esto pero Peter está muerto" (Peter es mi hijo menor). Joshua me dijo qué fue lo que había sucedido y me explicó que estaban en el hospital. Hacía cerca de cuatro horas que Peter había muerto cuando Joshua llamó. Yo dije, "El primer reporte no es el último. No permitas que nadie lo toque hasta que lleguemos allí".

Mi esposa, Jamie, y yo nos subimos a nuestro carro y comenzamos el trayecto de una hora rumbo al hospital. Empecé a tener las mismas emociones que cualquier padre tendría en una situación parecida. Empecé a sentir pena, dolor, confusión, y miedo. Toda clase de emociones estaban surgiendo en mi interior como un torbellino. Pero recordé esta enseñanza, que Jesucristo le ordenó a sus discípulos que no permitieran que sus corazones se turbaran cuando ellos estaban entrando en una crisis. Así que, me negué a someterme a esas emociones.

Mientras manejábamos hacia el hospital, empecé a darle gracias a Dios y a adorarlo. Dije: "Dios yo sé que tú no mataste a mi hijo. Tú no eres el que causó este problema, y ya sea que él regrese a la vida o no, quiero decirte que voy a continuar sirviéndote. Tú eres un buen Dios". Yo creo con todo mi corazón que alabar a Dios fue la clave para no permitir que mis emociones se descontrolaran. Las mantuve bajo control. Empecé a operar en fe y gozo en vez de pena y dolor.

No estoy condenando a quien haya experimentado pena y dolor en una crisis. Yo entiendo que somos humanos y que tenemos esas emociones. También sé que las experiencias en la vida pueden dejarte sin aliento. Solamente estoy diciendo que no somos únicamente humanos. Tú **puedes** operar más allá de tus emociones cuando se presenta una crisis, si así lo decides.

Cuando Jamie y yo llegamos a la ciudad, nos enteramos que Peter había resucitado. Después de casi cinco horas de estar muerto, Peter de repente se sentó y empezó a hablar. No hubo daño cerebral de ninguna clase. Hoy en día no solamente está vivo y sano, sino que también tenemos una nieta que nació un año después. Honestamente creo que eso no habría sucedido si yo hubiera permitido que mis emociones se hubieran descontrolado. Jesucristo nos ordenó que controlemos nuestras emociones en una crisis porque someternos al temor nos impide confiar en Dios, y nos bloquea de manera que no podemos recibir por fe. Desahogar, o satisfacer, las emociones negativas sólo las hace crecer, es como echarle más combustible al fuego— dificulta más y más caminar en fe.

Durante mi vida, he tenido varios caballos, y puedo decirte que si tú permites que un caballo se desboque es casi imposible detenerlo. Es muy difícil controlar el ímpetu de un caballo en estampida. En cambio, le he enseñado a un niño de siete años cómo controlar un caballo semisalvaje siguiendo unas cuantas instrucciones simples. Ese niño montó mi caballo casi por dos horas sin ningún problema. Poco tiempo después de que el niño de siete años desmontó de mi caballo, un muchacho de veinte años se presentó en mi casa porque quería montar a caballo. A diferencia del niño, ese joven no quiso escuchar ninguna de mis instrucciones. Unos minutos después el caballo se arrancó a todo galope, y él no pudo detenerlo.

Finalmente, el caballo lanzó al aire al muchacho, y éste tuvo que hacer un viaje al hospital.

Las emociones son como los caballos: es mucho más fácil mantenerlas controladas que frenarlas después de que se han desbocado. Si tú te desmoronas en el momento que algo malo sucede, va a ser mucho más difícil recuperar la compostura y empezar a tener fe en Dios para un milagro. Es mucho más fácil empuñar las riendas de tus emociones desde el principio. Qué bueno que, Dios te ha dado la capacidad para hacerlo.

Tú **puedes** dominar tus emociones. No tienes que permitirles que te mangoneen. Una parte del proceso de la maduración es aprender a no dejarte controlar por tus emociones. Cuando eres un niño todo lo que quieres hacer es jugar y divertirte. Conforme maduras, aprendes a trabajar aún cuando no tienes ganas. Hay veces que a lo mejor no sientes ganas de ser el papá o la mamá o de ir a trabajar, pero de todas maneras lo haces porque es parte de ser un adulto responsable. Ser maduro significa hacer cosas inclusive cuando no tienes ganas. Ser un creyente maduro significa lo mismo. Tú puedes optar por no permitir que las emociones negativas se desboquen y que te dominen.

Dios no solamente nos ha dado la autoridad para dominar nuestras emociones, también nos ha ordenado que la usemos. Jesucristo dijo:

En este mundo afrontarán aflicciones, pero ¡anímense! Yo he vencido al mundo.

JUAN 16:33
Nueva Versión Internacional

El Señor dice que vas a tener problemas en esta vida, pero también dice: "Anímense". Él no dice que deberíamos regocijarnos sólo cuando todo sea perfecto en la vida. Es una orden tener buen ánimo a pesar de nuestros problemas. Dios no nos ordenaría que nos animáramos si no fuéramos capaces de hacerlo.

Tomar las riendas de tus emociones es un componente esencial de una vida Cristiana victoriosa—no solamente en una situación de crisis, pero también en la vida cotidiana. Cuando las malas noticias lleguen, no te sometas a la tentación de permitir que las emociones negativas como el temor y la depresión te invadan y te controlen. En lugar de eso, toma la decisión de regocijarte en el Señor y recuerda que tú tienes el amor, el gozo, y la paz, de Dios viviendo en tu espíritu vuelto a nacer. Inclusive cuando todo en la vida está saliendo bien, también tienes que empuñar las riendas de tus emociones porque en éstas es donde se concibe el pecado. Evita la concepción en tus emociones y no te encontrarás en una lucha para evitar dar a luz el pecado.

Materiales Complementarios en Inglés:

1. *Harnessing Your Emotions* es un estudio de cuatro partes en audio disponible para escucharlo o bajarlo gratuitamente en http://www.awmi.net/extra/audio/1005

2. *Harnessing Your Emotions* es un libro de Andrew Wommack que te dará una imagen de quién eres en Cristo que muy pocos Cristianos han considerado. Esta información es transformadora de vida, y es una de las claves principales para vivir una vida victoriosa en Cristo. Puedes conseguir una copia en una librería o en nuestra tienda en línea en http://www.awmi.net/stroe/usa/books/313

3. *Anger Management* es un estudio de cuatro partes en audio, en el cual Andrew comparte verdades de la Palabra de Dios sobre el tema de la cólera que son tan valiosas como el oro. Está disponible para escucharlo o bajarlo gratuitamente en http://www.awmi.net/extra/audio/1044

4. *God's Kind of Love Throuh You* es un estudio de nueve partes en audio. Una vez que comprendes lo mucho que Dios te ama, eso te llevará a permitir que el amor de Dios fluya a través de ti. Sin embargo, hay muchos malentendidos en cuanto a lo que eso significa y cómo lograrlo. Esta serie te ayudará. Está disponible para escucharla o bajarla gratuitamente en http://www.awmi.net/extra/audio/1055

13
DESCUBRE LAS CLAVES PARA PERMANECER LLENO DE DIOS

"Somos como recipientes con agujeros", es lo que he escuchado decir a la gente, "aunque Dios nos llena con Su poder, éste vuelve a escurrirse, y entonces continuamente tenemos que volver a llenarnos". Pues bien, quizá ésa es una descripción fiel de la experiencia en la vida de muchas personas, pero yo no creo que Dios nos creó para ser como recipientes con agujeros. Yo no creo que los encuentros con Dios tengan fecha de caducidad, y que consecuentemente tú necesites una nueva dosis del Espíritu Santo. Mi experiencia personal es totalmente diferente. Dios ha hecho cosas en mi vida que nunca se han desgastado. Por el contrario, continúan mejorando.

La importancia de permanecer lleno del amor de Dios me quedó muy clara un día después de que di una plática en una iglesia pequeña en Louisville, Kentucky. Una mujer me abordó el domingo por la mañana para decirme cómo la habían influenciado los servicios que yo había dado esa semana. Ella estaba llorando y me habló de cuán llena de Dios estaba, y cómo sentir el amor de Dios había transformado su vida. Después lo echó todo a perder cuando dijo: "Yo sé que aproximadamente en un mes lo perderé y volveré a estar como estaba, pero en este momento me siento de maravilla".

Me entristeció escuchar a esa mujer anticipar que iba a perder el gozo del Señor que ella había descubierto. Esa noche yo iba a volver a ministrar en esa iglesia, así que regresé a mi hotel y empecé a orar específicamente por ella. Yo no creía que el impacto de su experiencia con Dios tuviera que desaparecer. Mientras oraba al respecto, empecé a pensar en mis propias experiencias con Dios.

El Señor se me reveló de una manera maravillosa el 23 de Marzo de 1968. Y aquí estoy, décadas después, y la experiencia no ha menguado. De hecho, para mí es más real hoy que en 1968. Fui impactado emocionalmente la noche que sucedió, pero hoy tengo una comprensión más profunda que no tenía en ese entonces. Lo que Dios hizo esa noche ha penetrado todo mi ser. El poder que ese encuentro generó no se ha perdido, más bien se ha incrementado.

Mientras estaba sentado en mi cuarto de hotel recordando lo que Dios ha hecho en mí, eso reforzó mi creencia de que no se nos tiene que escurrir el amor de Dios como si fuéramos un recipiente con agujeros. "Dios mío", yo oraba, "yo sé que no tiene que ser así. No tenemos que perder la revelación de lo mucho que nos amas. ¿Qué puedo decirle a esta mujer? ¿Cómo puedo ayudarla?" Estaba pidiéndole a Dios que me diera una revelación, y Él me llevó al siguiente versículo:

> *Pues habiendo conocido a Dios, no le glorificaron como a Dios, ni le dieron gracias, sino que se envanecieron en sus razonamientos, y su necio corazón fue entenebrecido.*
>
> **ROMANOS 1:21**

Como una preparación para este versículo, el apóstol Pablo había estado explicando en su carta a los Romanos que aunque todo el mundo tiene un conocimiento intuitivo de Dios, es posible que nos hagamos insensibles a Él.

Comenzando con este versículo, él empezó a describir los pasos progresivos que la gente toma para hacerse insensibles al Señor—pasos cuyo efecto es el de disminuir la impresión que Dios produce en sus vidas.

El Señor me habló a través de eso para mostrarme que hay una razón por la cual la gente se siente como si fuera un recipiente con agujeros. Hay una razón por la que las cosas que Dios hace en la vida de algunas personas pareciera que no perduran, pero la razón no es que Dios se aleja. No es que el poder que Él libera en nuestras vidas tenga una fecha de caducidad. Nuestras acciones son lo que reduce la eficacia de la influencia de Dios en nuestras vidas. Es lo que nosotros hacemos, y no lo que Dios hace.

Este pasaje de las Escrituras describe cuatro pasos progresivos que la gente toma para endurecer su corazón en relación a Dios. Podemos descubrir las caves para permanecer llenos de Dios simplemente invirtiendo esos pasos y haciendo lo opuesto.

Las Escrituras dicen que "habiendo conocido a Dios, no le glorificaron como a Dios". Glorificar significa hacer o estimar como glorioso. Otra manera de decirlo es "valorar", o "apreciar". Por lo tanto, este versículo está diciendo que el primer paso para endurecer tu corazón es dejar de valorar o estimar a Dios. La razón por la que la gente pierde la potencia de lo que Dios ha hecho en sus vidas es que dejan de valorar correctamente eso que Dios ha hecho. No estiman lo que Dios ha hecho, y finalmente lo que Dios les ha dado pierde su eficacia en sus vidas.

Si tú tuvieras algo que verdaderamente valoraras, probablemente no lo dejarías en el asiento delantero de un carro que se queda abierto mientras tú vas a la tienda; alguien podría robárselo. Tomarías precauciones—como esconderlo debajo del asiento o dejar a alguien en el carro para que lo cuide. En cambio, tú no te preocuparías mucho por un centavo que está en el suelo. El centavo se quedará en el tapete en el suelo abandonado hasta que finalmente se pierda o sea succionado por una aspiradora. Cuando tú valoras algo, le das un trato diferente. Lo triste es que la mayoría de la gente no valora lo que Dios ha hecho en sus vidas.

Descuidar a Dios es lo que hace que la gente se sienta como un recipiente con agujeros.

Los valores mal jerarquizados disminuyen el impacto que Dios tiene en nuestras vidas, y la mayoría de la gente le da más valor a las circunstancias, o a las opiniones de otros, que a Dios. Tu atención funciona como un lente de aumento: aquello en lo que pones tu atención crece, y aquello que descuidas disminuye. Si pones tu atención en la Palabra de Dios, entonces el Señor tomará un lugar de mayor importancia en tu vida. Mientras que poner tu atención en las opiniones de otros hará que tu revelación de la opinión que Dios tiene de ti disminuya comparativamente. Es como un balancín o subibaja, o el par de platillos de una balanza: los dos extremos no pueden estar arriba al mismo tiempo. En realidad tú no puedes valorar con justicia lo que Dios dice de ti y al mismo tiempo lo que la gente dice.

Yo me puse de pie y tomé la palabra en la iglesia la mañana siguiente a mi encuentro con Dios en 1968 y les dije a todos que estaba "lleno del Espíritu Santo y del amor de Dios". No sabía qué era lo que me había sucedido. Solamente estaba tratando de explicarlo lo mejor que podía. Después el pastor me abordó para reprenderme porque dije que estaba lleno del Espíritu. "Pedro fue lleno del Espíritu Santo", dijo, "y Pablo fue lleno del Espíritu santo, pero la gente no está llena del Espíritu hoy. Tú estás tratando de aparecer como superior a todos nosotros". Por primera vez en mi vida yo entendía que Dios me amaba, e inmediatamente alguien se interpuso para tratar de devaluar lo que Dios había hecho.

No mucho tiempo después, sentí que Dios me estaba diciendo que me diera de baja en la universidad. Eso sucedió en el apogeo de la guerra de Vietnam, y darme de baja en la universidad significaba que iba a ser reclutado, así que mi mamá mandó a todos sus conocidos a que me dijeran que era una idea muy mala. Yo tendía a valorar lo que me decían, porque respetaba a esas personas. Pero por la gracia de Dios, permanecí firme y con mi atención puesta en lo que el Señor estaba haciendo en mi vida.

Poco tiempo después dejé la escuela, y ciertamente me volvieron a clasificar para el reclutamiento. Un reclutador del ejército vino a mi casa para hablarme de las opciones que yo tenía. Él se sentó, abrió su portafolio, sacó un montón de propaganda, y empezó a decirme todas las ventajas del alistamiento voluntario comparado con el reclutamiento obligatorio.

El reclutador comenzó su promoción y yo dije: "Podríamos ahorrarnos mucho tiempo".

"De veras", él contestó, ¿Cómo?

Yo pregunté: "Es posible que me recluten porque me di de baja en la escuela y perdí mi aplazamiento de estudiante, ¿verdad?"

"Así es", él contestó.

"Pero tú no entiendes", yo le dije, "Dios me dijo que

dejara la escuela, así que estoy haciendo lo que Dios me dijo que hiciera. Si el Señor quiere que sirva en el servicio militar, lo haré, y si no lo quiere, no lo haré".

El reclutador soltó una carcajada.

"¡Hombre!", dijo, "¡te puedo garantizar que vas a ir a Vietnam!"

Yo estaba valorando a Dios, y lo que Dios me había dicho, pero el reclutador no valoraba a Dios. Según su manera de ver las cosas, él era un representante del gobierno de los Estados Unidos—la potencia más poderosa de la tierra. Él quería que yo estimara su opinión más de lo que yo estimaba la opinión de Dios. El desdén que ese reclutador mostraba hacia Dios me encolerizó.

Me incliné y puse mi dedo en su pecho y dije: "¡Amigo, si Dios quiere que yo sea reclutado, así será. Pero si Él no lo quiere, ni tú ni el gobierno de los Estados Unidos, ni todos los demonios del infierno pueden reclutarme!"

El reclutador juntó todos sus folletos, se levantó, y salió por la puerta de enfrente sin decir ni una palabra más. La mañana siguiente encontré en el buzón mi carta para alistarme. Ni siquiera estoy seguro si fue enviada por correo. Ojalá y me hubiera fijado para ver si había alguna estampilla o sello en el sobre. Apuesto que ese hombre tramitó y puso personalmente la carta en mi buzón. Pero a mí no me importaba. Yo estaba glorificando a Dios.

Cada una de esas situaciones era una oportunidad para que yo quitara mi atención de Dios y la pusiera en las opiniones de otras personas. Si hubiera valorado sus opiniones por encima de la opinión de Dios, habría tomado el primer paso que me llevaría a perder el gozo de saber que Dios me ama. No sabía mucho en aquel entonces, pero por la gracia de Dios lo estimé mucho más a Él que cualquier otra cosa. El resultado fue que permanecí lleno del amor y de la alegría del Señor.

Me han sucedido cosas terribles que pudieron haber hecho que apartara mi atención de Dios. Me han secuestrado, amenazado, e insultado. Algunas personas han quemado mis libros en protesta. Me han sucedido toda clase de cosas malas, pero—nunca he estimado las opiniones de otras personas más que lo que Dios me ha dicho a mí. Esto ha sido un elemento clave que me ha ayudado al pasar los años a permanecer lleno del amor de Dios. Tú tienes que continuar valorando lo que Dios ha dicho y hecho en tu vida.

Un día mientras yo y un amigo estábamos escalando *Pikes Peak*, mi amigo empezó a decirme algunas cosas que un amigo nuestro había dicho sobre nosotros a nuestras espaldas. No me hace feliz escuchar que la gente me critica, pero tampoco le pongo atención porque eso mina el valor que le he puesto a lo que Dios ha dicho sobre mí. Así que le dije: "Mira, no quiero escucharlo. Ya sé qué piensa de mí, y ya no quiero escucharlo".

Mi amigo guardó silencio por un momento, y luego preguntó: "¿Por qué lo que él anda diciendo no te molesta, como me molesta a mí?"

"Porque yo no valoro su opinión tanto como tú lo haces", respondí.

Las cosas que otras personas dicen te molestan solamente si tú estimas su opinión. No estoy diciendo que no deberías valorar lo que otros dicen—especialmente si vives con esas personas—pero en comparación con el valor que le das a la Palabra de Dios, ninguna otra opinión debería importar.

Pero glorificar a Dios y magnificarlo por encima de tus circunstancias solamente es la primera clave para permanecer lleno de Dios. Después de mencionar que la gente dejó de glorificar a Dios, las Escrituras dicen: "ni le dieron gracias, sino que se envanecieron en sus razonamientos, y su necio corazón fue entenebrecido" (Ro. 1:21). Las otras claves para permanecer lleno de Dios son ser agradecido, tener un razonamiento prudente, y proteger tu corazón.

> *Bendice, alma mía, a Jehová, y bendiga todo mi ser su santo nombre. Bendice, alma mía, a Jehová, y no olvides ninguno de sus beneficios.*
>
> **SALMO 103:1-2**

El agradecimiento está íntimamente relacionado con el acto de glorificar a Dios. De hecho, no puedes hacer uno sin el otro. Ser agradecido implica recordar lo que Dios ha hecho por ti y ofrecerle en correspondencia la alabanza. Es la actitud de glorificar a Dios, honrarlo por encima de todo, y expresar gratitud por Su bondad. Los Cristianos deberíamos ser la gente más agradecida sobre la faz de la tierra, porque somos los que tenemos más razones para estar agradecidos.

Con frecuencia se cree que la imaginación es cosa de niños, y los adultos pasan por alto su importancia, pero la imaginación es el lugar donde concibes las cosas de Dios. Imaginar es formarse una imagen mental de algo que no es real para los sentidos. Todos nosotros pensamos con imágenes. Así es como hacemos todo, desde dar direcciones hasta resolver problemas, y es algo esencial para permanecer lleno de Dios. Por ejemplo, probablemente tú no vas a ver que la sanidad se manifieste en tu cuerpo si te estás viendo a ti mismo como una persona enferma. Si te ves enfermo, así serás. Porque cual es su pensamiento en su corazón, tal es él (Pr. 23:7), por lo tanto te conviene que tu imaginación trabaje para ti—y no contra ti. En las Escrituras, esperanza es la palabra que se usa para una imaginación positiva que está trabajando a tu favor.

La última clave para permanecer lleno de Dios es un buen corazón. El corazón es el fundamento para vivir. Es la tierra en la que nuestra vida crece, Jesucristo dijo:

El hombre bueno, del buen tesoro del corazón saca buenas cosas; y el hombre malo, del mal tesoro saca malas cosas.

MATEO 12:35

Tu comportamiento y tus palabras surgen de tu corazón, así que permanecer lleno de Dios significa tener un corazón que está lleno de la Palabra de Dios. Tú solamente puedes imaginarte a ti mismo como Dios te ve, y vivir esa imagen en la práctica, si la Palabra de Dios ha establecido en tu corazón quién eres tú según Dios. La Palabra de Dios es la semilla que debes plantar en tu corazón si quieres ver que el amor de Dios crezca y produzca fruto en tu vida.

Solamente he expuesto lo básico respecto a qué significa estar lleno de Dios, pero estos son los puntos principales: estímalo por encima de todo lo demás, mantén una actitud de gratitud por Su bondad, concibe las cosas de Dios en tu razonamiento, y asegúrate de que estés llenando tu corazón con buenas cosas.

Tú no tienes que dejar escapar el amor que Dios está vertiendo en ti, ni las bendiciones que Él está derramando en tu vida. Los cuatro principios que aquí comentamos describen un estilo de vida que se basa en concentrarse en el Señor, y éstos te darán una perspectiva permanente que te mantendrá lleno de Dios—inclusive durante las temporadas de crisis.

Materiales Complementarios en inglés:

1. *Discover the Keys to Staying Full of God* es un estudio de cuatro partes en audio disponible para escucharlo o bajarlo gratuitamente en http://www.awmi.net/extra/audio/1029

2. *Don't Limit God* es un estudio de cinco partes en audio. La mayoría de los Cristianos creen que Dios, como soberano, hace lo que quiere en la tierra. ¿Es verdad, o también es posible que Él se haya limitado a Sí mismo por medio de sus propias palabras? Si así lo ha hecho, entonces quizá los únicos límites en tu vida los has puesto tú. Combina la revelación de esto con los conceptos de cómo "Permanecer lleno de Dios", y ve desaparecer los límites en tu vida. Está disponible para escucharlo o bajarlo gratuitamente en http://www.awmi.net/extra/audio/1060

14
DIOS QUIERE QUE ESTÉS SANO

Casi todo el mundo reconoce que Dios tiene poder para sanar, pero no hay muchas personas que tengan la seguridad de que Dios quiere sanarlos a **ellos.** Dios se interesa por tu bienestar emocional y mucho más. Él también quiere que tu cuerpo esté sano. Es triste, pero algunas personas enseñan que Dios controla todo en este mundo, y que nadie puede enfermarse a menos que Dios así lo quiera—pero eso está totalmente equivocado. Dios no es el responsable de que la gente se enferme de cáncer. No es la voluntad de Dios que los niños se enfermen, ni que algunos nazcan con un impedimento. Dios quiere que sus hijos estén sanos, y Jesucristo pagó el precio para comprar la sanidad para nosotros.

La sanidad no se da por accidente. En nuestro mundo caído, es más fácil enfermarse que estar sano. Todo en el mundo natural va de mal en peor, y de salud a enfermedad. Si tú quieres recibir sanidad, tienes que esforzarte para conseguirla. No puedes orar tibiamente con una esperanza endeble de que quizá Dios vaya a hacer algo. Tú no sanarás si dices: "Dios mío, yo sé que Tú puedes sanar a la gente, y **si** es tu voluntad pues entonces sáname". Tú tienes que **saber,** cuando oras, que es la voluntad de Dios sanarte. Yo creo que, comprender la verdad de que Dios quiere que estés sano es uno de los pasos más importantes que puedes tomar para recibir la sanidad.

En algunos círculos es popular creer que Dios causa la enfermedad, o que la permite, con el propósito de lograr sus objetivos (o para enseñarte algo). No hay nada que esté más alejado de la verdad. Por un lado, si tú crees que la voluntad de Dios es que tú estés enfermo, entonces no deberías tratar de sanar; deberías permanecer enfermo y aprender aquello que Dios está tratando de enseñarte. Pero la voluntad de Dios no es que estés enfermo, y Él nunca causa tu enfermedad para enseñarte algo.

Deberíamos estar peleando en contra de la enfermedad. Dios ha revelado claramente que Su voluntad es que estemos sanos, y no enfermos. Y no solamente tenemos la esperanza de que Dios quiera que estemos sanos, estamos seguros de ello. Las Escrituras dicen:

> *El cual, siendo el resplandor de su gloria, y la imagen misma de su sustancia, y quien sustenta todas las cosas con la palabra de su poder, habiendo efectuado la purificación de nuestros pecados por medio de sí mismo, se sentó a la diestra de la Majestad en las alturas.*
>
> **HEBREOS 1:3**

Jesucristo es el resplandor de la gloria de Dios y la imagen misma de Su sustancia. Este versículo no está hablando de una "imagen" que sugiere la gloria de Dios Padre. No, la palabra griega que aquí se usó habla de una representación perfecta. Jesucristo es la representación perfecta de Dios Padre. Jesucristo dijo que Él solamente hacía lo que veía hacer al Padre, y le dijo a sus discípulos que verlo a Él era ver al Padre (Jn. 14:9). Jesucristo representó a Dios perfectamente, así que si queremos conocer la voluntad de Dios respecto a la sanidad, todo lo que tenemos que hacer es examinar la vida y las enseñanzas de Jesucristo.

Jesús nunca causó la enfermedad de nadie, ni usó la enfermedad para darle enseñanza a la gente. Sin embargo hoy por hoy la gente está diciendo que Dios los ha "bendecido" con la enfermedad porque ésta captó su atención y los acercó al Señor. La gente le está atribuyendo a Dios que Él los hizo paralíticos o que hizo que se enfermaran, pero Jesucristo nunca usó la enfermedad para llevar a cabo Su voluntad. La enfermedad nunca es "una bendición disfrazada"; es una maldición (Dt. 28:15-68).

No existe ni un ejemplo en las Escrituras en el que Jesucristo haga cosas como las que la religión distorsionada usa para culpar a Dios hoy. Jesucristo dijo: "...el que me ha visto a Mí ha visto al Padre". Uno de los testimonios más importantes de las Escrituras de que Dios quiere que estés sano es el hecho de que la vida de Jesucristo explícitamente muestra Su deseo de sanar al enfermo.

Cuando el apóstol Pedro estaba predicando el Evangelio a la familia gentil de Cornelio, él resumió la vida y el ministerio de Jesucristo diciendo:

Cómo Dios ungió con el Espíritu Santo y con poder a Jesús de Nazaret, y cómo éste anduvo haciendo bienes y sanando a todos los oprimidos por el diablo, porque Dios estaba con él.

HECHOS 10:38

Dice que Jesucristo "anduvo haciendo bienes". Jesucristo no solamente sanó a los oprimidos por el diablo, Él los sanó a **todos.** Él no andaba por allí sanando solamente a algunos. Las acciones de Jesucristo son una demostración de que la voluntad de Dios es sanar a todos, y no sólo a unos cuantos escogidos.

Enseñar que Dios usa la enfermedad para lograr sus objetivos hace que la gente baje la guardia y que acepten algo que en realidad es del diablo. Las Escrituras dicen que aquellos a quienes Jesucristo sanó eran oprimidos por el diablo, no por Dios. El mandato de Dios para nosotros es claro:

Someteos, pues, a Dios; resistid al diablo, y huirá de vosotros.

SANTIAGO 4:7

Algunas cosas en la vida son de Dios. Otras cosas son del diablo. Se supone que debemos someternos a Dios, y resistir al diablo. Cualquiera que deduzca equivocadamente que la enfermedad es de Dios se está sometiendo al diablo en vez de resistirlo. Es importante saber cuándo someterse y cuándo resistir.

La religión distorsionada es el origen de mucha confusión. Reemplaza una relación dinámica con Dios, por medio de Jesucristo, con el cumplimiento de reglas y reglamentos. En el caso de la sanidad, la religión distorsionada enseña que la enfermedad es una bendición disfrazada, y que Dios la usa para llenarte de humildad o para hacerte una mejor persona. Eso es llamar a lo malo bueno, y a lo bueno malo. En resumidas cuentas, esta confusión hace que aceptes al diablo y te impide recibir sanidad de parte de Dios.

Es obvio que la enfermedad no va a huir de ti mientras tú la aceptes. Tú tienes que resistir al diablo para hacer que éste huya.

Para resistir al diablo con eficacia, **cuando** oras, tú tienes que entender que Dios quiere que estés sano, porque un esfuerzo tibio para resistir no funcionará. La Biblia dice:

> *Y si alguno de vosotros tiene falta de sabiduría, pídala a Dios, el cual da a todos abundantemente y sin reproche, y le será dada. Pero pida con fe, no dudando nada; porque el que duda es semejante a la onda del mar, que es arrastrada por el viento y echada de una parte a otra. No piense, pues, quien tal haga, que recibirá cosa alguna del Señor. El hombre de doble ánimo es inconstante en todos sus caminos.*

SANTIAGO 1:5-8

El principio de no dudar cuando le pides algo a Dios no está limitado a pedir sabiduría. También puede utilizarse para la sanidad: tú no recibirás sanidad si estás pidiéndole a Dios que te sane, pero al mismo tiempo estás dudando en tu corazón si es o no es la voluntad de Dios sanarte. Eso es tener doble ánimo, y así no recibirás nada. Tienes que creer que recibes cuando oras (Mr. 11:24). Para poder creer sin dudar cuando oras, tú tienes que **saber** que Dios quiere que estés sano. Eso debe estar establecido en tu corazón.

Dios no es el autor de la enfermedad, y Él no va a usar la enfermedad—o cualquier otra clase de mal— para hacer que Su voluntad se manifieste. Dios no tiene absolutamente nada que ver con la enfermedad. Santiago, un líder de la iglesia primitiva en Jerusalén, escribió:

> *Cuando alguno es tentado, no diga que es tentado de parte de Dios; porque Dios no puede ser tentado por el mal, ni él tienta a nadie...Toda buena dádiva y todo don perfecto desciende de lo alto, del Padre de las luces, en el cual no hay mudanza, ni sombra de variación.*

SANTIAGO 1:13,17

Creer equivocadamente que Dios aprueba la enfermedad, el dolor, y el sufrimiento va a afectar la revelación que tienes de Su amor. Vincular a Dios con la enfermedad es propaganda del enemigo. La idea detrás de esa propaganda es que si tú repites una mentira varias veces, la gente empezará a creerla. Aunque tú puedas ver la falacia, la mentira puede incorporarse a tu sistema de creencias porque después de un tiempo empiezas a pensar que debe de haber algo de verdad en lo que escuchas vez tras vez. La religión distorsionada menciona que Dios nos ama, pero luego pasa a decir que Dios hace que los bebés se enfermen, o que le impone cáncer a la gente porque Él los ama y quiere enseñarles algo. Eso no es amor.

Imagínate que un hombre tuviera el poder de imponerte un cáncer, o de causar un dolor agotador, o de infligir deformaciones a los bebés. Después de hacer esas cosas, nadie confiaría en él ni supondría que lo hizo por amor. No existe ni una nación civilizada sobre la faz de la tierra que no lo enjuiciara con todo el rigor de la ley. Un hombre como ése sería arrojado a la prisión por actos criminales. Aun así la religión distorsionada está tratando de decir que Dios causa la tragedia porque Él te ama. Es una mentira que se ha repetido con tanta frecuencia que la gente ha empezado a creerla.

La fuerza destructora de esta mentira te impide reconciliar el amor de Dios con el concepto de que Dios usa la enfermedad como un instrumento didáctico. En lo más profundo de tu corazón, sea que lo entiendas o no, eso va a afectar tu relación con Dios y tu capacidad para comprender lo mucho que Él te ama. Tú no puedes culpar a Dios por causar la tragedia en tu vida y al mismo tiempo confiar en Él con todo tu corazón.

Leí un artículo acerca de los recientes terremotos en Haití que exploraba algunas preguntas en relación a esa tragedia, y a lo difícil que es comprender que algo tan terrible pudiera suceder. En ese artículo se citaron varias personas que dijeron que el terremoto era el castigo de Dios para esa nación por su relación con el vudú y por otros problemas de esa sociedad. El autor decía que se le había echado tanto la culpa a Dios por esa tragedia que eso estaba minando la fe de muchos haitianos.

El artículo contenía una fotografía muy conmovedora. Se podían ver docenas y docenas de cadáveres apilados en un montón muy alto, lo cual indicaba el gran costo en vidas humanas, y ese montón se había sometido a las llamas como parte de un esfuerzo drástico para detener la propagación de la enfermedad. Enfrente del fuego, la imagen de una anciana que pasaba por allí quedó en la foto como si el tiempo se hubiera detenido. Ella debe de haber metido su mano en su bolsa y sacado su Biblia justo antes de que se tomara esa foto. Aunque su brazo fue captado en una fotografía estática y no en un video, la acción era clara: ella estaba arrojando su Biblia en ese montón de cadáveres que se estaban quemando. No es sorprendente ver que la gente rechaza a Dios cuando le dicen que Él es el culpable de la muerte y el dolor en sus vidas.

Jesucristo "anduvo haciendo bienes". Es bueno estar sano—es malo estar enfermo. La enfermedad no es una bendición de Dios enviada para hacerte un santo. La enfermedad es un ataque del diablo. Algunas veces es algo totalmente demoniaco y tiene un origen espiritual, otras veces es el resultado de vivir en un mundo caído, pero la enfermedad y la tragedia nunca son de Dios. Jesucristo por su gran amor, tomó nuestro pecado **y** nuestra enfermedad sobre Su cuerpo en la cruz. La Palabra de Dios es muy clara en este punto:

Ciertamente llevó él nuestras enfermedades, y sufrió nuestros dolores; y nosotros le tuvimos por azotado, por herido de Dios y abatido. Mas él herido fue por nuestras rebeliones, molido por nuestros pecados; el castigo de nuestra paz fue sobre él, y por su llaga fuimos nosotros curados.

ISAÍAS 53:4-5

Esta audaz declaración dice que por las llagas de Jesucristo somos sanados. Aquí es donde la religión distorsionada mete su cuchara con su acostumbrada confusión y trata de darle un sentido espiritual a este versículo diciendo que solamente somos sanados en nuestros corazones. La religión distorsionada dice que esto significa que en tu corazón y tus emociones tú fuiste sanado del dolor y la pena del pecado. Es verdad decir eso, pero no es toda la verdad. Sí, Jesucristo vino para liberarnos emocional y espiritualmente, pero Él no se detuvo allí. Estos versículos también se refieren a la sanidad de nuestros cuerpos. El Evangelio de Mateo nos cuenta cómo la gente le llevaba a sus enfermos a Jesús y Él los sanaba a **todos** (mostrando Su deseo de sanar a todo el mundo), y luego hace referencia a una exacta profecía, diciendo:

Para que se cumpliese lo dicho por el profeta Isaías, cuando dijo: El mismo tomó nuestras enfermedades, y llevó nuestras dolencias.

MATEO 8:17

Jesucristo tomó nuestras enfermedades y llevó nuestras dolencias en Su cuerpo en la cruz. Es una parte de la expiación del Señor Jesucristo que tú seas sanado. Jesucristo no quiere que estés enfermo como tampoco quiere que peques.

Como ya vimos, la religión distorsionada tratará de confundir el asunto haciendo mención de que hay Cristianos que mueren a causa de la enfermedad—incluso algunos de los que creían que Dios iba a sanarlos. La religión distorsionada concluye que seguramente no era la voluntad de Dios sanar a la gente en esos casos—en vez de aceptar la posibilidad de que la sanidad estaba disponible pero, por alguna razón, esas personas no fueron capaces de apropiársela y de tomar ventaja del poder sanador de Dios. En vez de tomar el riesgo de lastimar a alguien, o de aceptar algo de responsabilidad, la religión distorsionada le echa la culpa a Dios.

Yo no sé por qué no todos los que creen en la sanidad sanan, pero sí sé que no es la culpa de Dios. Cualesquiera que sean las preguntas sin respuestas que tengamos sobre la sanidad, esas preguntas no cambian el hecho de que la voluntad expresa de Dios, como se ve en la vida de Jesucristo y como está escrito en la Palabra, es que Dios quiere que estés sano. Jesucristo pagó por la enfermedad en la expiación para que tú puedas estar sano, y hoy por todo el mundo un sin fin de personas son sanadas por el poder de Dios.

La Biblia pone la sanidad de tu cuerpo y el perdón de tus pecados en la misma categoría. Es un paquete completo. Inclusive ambas cosas aparecen juntas en el mismo versículo:

Bendice, alma mía, a Jehová, y no olvides ninguno de sus beneficios. Él es quien perdona todas tus iniquidades, El que sana todas tus dolencias.

SALMO 103:2,3

Quien llevó él mismo nuestros pecados en su cuerpo sobre el madero, para que nosotros, estando muertos a los pecados, vivamos a la justicia; y por cuya herida fuisteis sanados.

PEDRO 2:24

Simplemente no hay duda de que Jesucristo proveyó la sanidad en la expiación y que Dios quiere que estés sano. De hecho, la palabra griega *sozo* que se traduce como "salvar" más de 300 veces en el Nuevo Testamento, también se usa para describir la sanidad. Significa salvar, restaurar, o sanar. Un ejemplo clásico del uso de la palabra *sozo* se encuentra en el libro de Santiago:

> *¿Está alguno enfermo entre vosotros? Llame a los ancianos de la iglesia, y oren por él, ungiéndole con aceite en el nombre del Señor. Y la oración de fe salvará al enfermo, y el Señor lo levantará; y si hubiere cometido pecados, le serán perdonados.*
>
> **SANTIAGO 5:14-15**

Es obvio que es el cuerpo físico lo que va a ser sanado. Algunos en nuestro tiempo han tratado de separar la salvación y la sanidad al decir que la salvación es para todos, pero la sanidad es un accesorio, como si costara algo extra. Eso no es verdad. La Biblia sin lugar a dudas enseña que Jesucristo murió para sanar tu cuerpo al mismo tiempo que murió para perdonar tus pecados. Tú eres tan sano por Su herida como eres perdonado y hecho justo por Su sacrificio.

Jesucristo no te infligiría una enfermedad como tampoco te conduciría a pecar. Él quiere que estés sano así como también quiere que seas perdonado por tus pecados. El primer paso para recibir sanidad es saber sin lugar a dudas que Dios quiere que estés sano. Tú tienes que entender que Dios no solamente es capaz de producir sanidad, sino también que Él **quiere** sanarte a ti. Una vez que entiendes esto, será fácil creer con tu corazón cuando oras por la sanidad, y visualizarte sano.

Materiales Complementarios en Español:

1. "Dios Quiere que Estés Sano" es un libro de Andrew Wommack (también está disponible en inglés). En este libro, Andrew comparte la verdad en cuanto al amor incondicional de Dios y la gracia que Él ya proveyó. La sanidad es una gran parte de esa provisión. Él da la respuesta a muchas preguntas frecuentes, como las relacionadas con la expresión "un aguijón en la carne" referida a Pablo, la soberanía de Dios y mucho más. Si tú, o alguien que tú conoces, necesitan recibir sanidad, este libro es para ustedes. Puedes conseguir una copia en nuestra tienda en línea en http://www.awmi.net/store/usa/foreign_books/740

Materiales Complementarios en Inglés:

1. *Healing Testimonies* son seis videos que documentan sanidades que se han dado por medio de algún contacto con AndrewWommack Ministries. Ve la evidencia de cómo Dios obra milagros. Estas historias te motivarán y edificarán tu fe. Están disponibles para verlas gratuitamente en http://www.awmi.net/extra/healing

2. *Healing Journeys,* los volúmenes uno y dos están a la venta en nuestra tienda en línea en http://www.awmi.net/store/usa/videos. Cada DVD documenta cinco historias diferentes del poder de Dios operando en la vida de la gente.

3. *God Want's You Well* es un estudio de cuatro partes en audio disponible para escucharlo o bajarlo gratuitamente en http://www.awmi.net/extra/audio/1036

4. *"Healing Scriptures"* es una colección de versículos sobre la sanidad con un fondo musical. Conforme lo escuchas, tu mente podrá relajarse, y tu fe se edificará

para que recibas tu sanidad. Está disponible para escucharlo o bajarlo gratuitamente en http://www. awmi net/extra/audio/i05

5. *How to Receive a Miracle* es un estudio de tres partes en audio que te mostrará cómo obtener milagros y hacer que se manifiesten. Está disponible para escucharlo o bajarlo gratuitamente en http://www. awmi.net/extra/audio/1006

6. *The Good Report: God Wants You Well* es un folleto de Andrew Wommack que es una compilación de artículos respecto al tema de la sanidad. Está disponible por medio de la tienda en línea en http://www.awmi.net/ store/usa/books/102

15
LA DUREZA DE CORAZÓN

Todos nosotros tenemos problemas con nuestro corazón. No me estoy refiriendo a tu corazón físico, sino a tus emociones y tus preocupaciones. El estado de tu corazón determina cuánto puede penetrar el Espíritu Santo. Un corazón endurecido es frío, insensible, cruel, y obstinado. Puede estar endurecido contra el mundo o contra Dios. El Señor nos creó de tal manera que nos hacemos sensibles a aquello en lo que ponemos nuestra atención—aquello que nos proporciona alegría—y nos endurecemos contra lo que descuidamos. La persona que se siente más familiarizada con el ámbito natural que con el ámbito espiritual tiene un corazón endurecido contra Dios. Lo bueno es que, tú puedes hacerte sensible a Dios y puedes endurecerte contra el mundo. Simplemente tienes que cambiar aquello en lo que te complaces, o aquello en lo que concentras tu atención y tus preocupaciones.

Nuestro nivel de sensibilidad a Dios varía en diferentes áreas. Quizá tú eres muy sensible a Dios en una área, pero estás endurecido en otra. En mi propia experiencia, yo acepté la enseñanza de la sanidad cuando era joven, y era muy sensible a Dios en esa área. Vi la manifestación de grandes milagros de fe; sin embargo, batallé con la prosperidad por mucho tiempo. Era receptivo a Dios en el área de la sanidad, pero estaba endurecido en el ámbito de la prosperidad. Me tomé años para llegar a tener, en el área de la prosperidad, el mismo nivel de sensibilidad que tenía en el de la sanidad.

Un corazón endurecido hará que no percibas cosas que deberían ser obvias. Justamente después de que Jesucristo alimentó a 5,000 personas con cinco panes y dos peces, Él puso a sus discípulos en una barca y los envió a cruzar el mar de Galilea. Después Jesucristo despidió a las multitudes y se fue al monte a orar. Durante la noche, se desató una tormenta en el mar y Jesucristo podía ver a los discípulos que batallaban en la barca porque el viento y las olas les eran contrarios. Jesucristo caminó sobre el agua, se subió a la barca, y le ordenó a la tormenta que se calmara. La reacción de los discípulos está registrada en las Escrituras:

> *Ellos se asombraron en gran manera, y se maravillaban. Porque aún no habían entendido lo de los panes, por cuanto estaban endurecidos sus corazones.*
>
> **MARCOS 6:51-52**

Los discípulos acababan de ver a Jesucristo alimentar a miles de personas usando cinco panes y dos peces pequeños. Ellos no debieron haberse asombrado cuando lo vieron realizar otro milagro impresionante; sin embargo sí se asombraron. Estaban fuera de sí o asombrados en gran manera de ver a Jesús andando sobre el mar porque sus corazones estaban endurecidos. Si pudiéramos hacernos más sensibles a Dios que al mundo, no nos sorprendería ver a Jesucristo andar por encima del problema que está a punto de ahogarnos. Podemos llegar al punto de que lo sobrenatural se convierte en algo normal. En primer lugar, tenemos que entender qué es lo que endurece nuestros corazones contra Dios para que podamos revertir el proceso.

Marcos 6:52 (Reina Valera Antigua) dice que los corazones de los discípulos estaban ofuscados o endurecidos porque ellos no habían considerado el milagro de la alimentación de los cinco mil. La palabra "considerar", significa, "estudiar, reflexionar, deliberar, examinar"; el término que se usa en las Escrituras es meditar. Aquello en lo que ponemos nuestra atención es a lo que nuestros corazones se sensibilizan y aquello que descuidamos es contra lo que nuestros corazones se endurecen. Los discípulos no tenían su atención puesta en el pecado. Su atención estaba puesta en tratar de sobrevivir en medio de la tormenta. Pero eso quitó su atención del milagro que acababan de presenciar y endureció sus corazones contra Dios.

Los discípulos continuaron teniendo problemas para percibir la realidad espiritual. Después de muchos otros milagros, Jesucristo habló sobre la dureza de sus corazones:

Y entendiéndolo Jesús, les dijo: ¿Qué discutís, porque no tenéis pan? ¿No entendéis ni comprendéis? ¿Aún tenéis endurecido vuestro corazón? ¿Teniendo ojos no veis, y teniendo oídos no oís? ¿Y no recordáis?

MARCOS 8:17-18

La incapacidad para percibir es una característica de un corazón endurecido. Cuando tú tienes un corazón endurecido, puedes ver con tus ojos físicos, pero no puedes ver con tu corazón espiritual. Tienes oídos físicos, pero no puedes escuchar la voz de Dios en tu corazón, y no puedes recordar cosas espirituales. A cualquiera que se le dificulte percibir, comprender, o recordar las cosas de Dios tiene un corazón endurecido. Dicho con términos simples, un corazón endurecido causa la torpeza espiritual. Impide que funciones de la manera como Dios lo planeó, y evita que percibas las verdades espirituales.

La dureza de corazón en una área es el resultado de aquello en lo que pones tu atención. Tu corazón se hace sensible a lo que tú consideras, y se endurece contra las cosas en las que no estás meditando. O pones tu atención en Dios y haces que las cosas del mundo te sean indiferentes, o pones tu atención en las preocupaciones de este mundo y dejas de ponerle atención a Dios. En ambos casos, el corazón gradualmente se endurece contra lo que tú descuidas y se hace sensible a aquello en lo que pongas tu atención.

Jesucristo describió este proceso como "engrosar" (Mt. 13:15). En eso consiste el método que se usa para hacer velas. Un pabilo se mete en y se saca varias veces de la cera derretida. Cada vez que se saca, la capa de cera que cubre el pabilo se endurece. Esto se hace cientos de veces hasta que se haya acumulado suficiente cera para formar una vela. De la misma manera, un corazón se engrosa cuando continuamente dejamos de ponerle atención a Dios. No se endurece en un momento. Capa tras capa de descuido aumenta la insensibilidad mientras ponemos nuestra atención en otra cosa en vez de ponerla en Dios.

Yo he amado a Dios y lo he buscado durante toda mi vida, pero hubo temporadas en las que permití que otras cosas acapararan mi atención. El descuido me endureció contra Dios hasta un cierto nivel. Yo conocía las verdades del reino de Dios, pero no estaban funcionando para mí como debieron haberlo hecho. En concreto, yo sabía que la voluntad de Dios era sanar a la gente, pero no estaba viendo que mucha gente sanara. Yo creía en la sanidad y podía citar versículos, pero no le estaba dando prioridad a la Palabra de Dios en mi vida. Estaba permitiendo que otras cosas me ocuparan. Como resultado, mi corazón se endureció en contra de Dios, y no estaba experimentando la plenitud de lo que Dios deseaba para la gente.

En la epístola a los Hebreos, el autor describió unos hechos de fe extraordinarios que están registrados en la Palabra de Dios. Cuando estaba hablando de la fe de Abraham y de Sara, el autor escribió:

> *Si hubieran estado pensando en aquella patria de donde habían emigrado, habrían tenido oportunidad de regresar a ella.*

> **HEBREOS 11:15**
> **Nueva Versión Internacional**

Quizá este versículo no es uno de los que están subrayados en tu Biblia, pero contiene una verdad muy profunda. Dios llamó a Abraham y a Sara para que dejaran su patria y que emigraran a una tierra que después Él les iba a mostrar. Dicho en otras palabras, Dios les dijo que salieran de allí, pero no les dijo a dónde iban. Dejaron su casa llenos de fe y viajaron hacia lo desconocido. Este versículo dice que si sus mentes hubieran estado llenas de, o su atención hubiera estado puesta en lo que dejaron atrás, habrían tenido oportunidad de regresar. El Señor nunca se propuso que ellos regresaran, por lo tanto cualquier "oportunidad" de regresar era una tentación. Abraham y Sara no estuvieron pensando en la patria de donde habían emigrado, por lo tanto no fueron tentados a regresar a ella.

Esto revela el aspecto positivo de endurecer tu corazón: como Abraham y Sara, tú puedes endurecer tu corazón en contra del mundo y de la tentación. **La verdad es que tú no puedes ser tentado con lo que no piensas.** Si tú ignoras el mundo y la tentación, tu corazón empezará a hacerse insensible a esas cosas. Finalmente, tú puedes endurecerte contra el pecado y el fracaso.

Vemos que en el mundo sucede lo contrario. La gente pone su atención en el mundo, y se ha hecho sensible al pecado. Por ejemplo, todo el tiempo hay gente que me busca porque quieren ser libres de sus problemas con la lujuria. Como era de esperarse, cuando hablo con ellos, me revelan que su atención está puesta en el sexo. En muchos casos están viendo pornografía, o se están exponiendo a temas sexuales en el internet, o en películas con clasificación R. Aun si estás viendo programas Cristianos en la televisión los comerciales te matarán. El sexo se usa para vender todo. La cultura popular está bombardeando a la sociedad con la inmoralidad sexual. Tú no puedes ver esas cosas y no ser tentado con pensamientos de lujuria. Deja de pensar en eso, deja de verlo, deja de poner tu atención en eso, y no serás tentado.

Vivimos en el mundo, pero no tenemos que ser parte de él (Jn. 17:14). No estoy sugiriendo que todos nos vayamos a vivir a los monasterios o que enterremos la cabeza en la arena. Somos la sal de la tierra, y para hacer el bien tenemos que salirnos del salero. El Señor no quiere que nos refugiemos contra el mundo. Por el contrario, debemos permitir que nuestra luz ilumine al mundo. Pero también puedo garantizarte que Dios no quiere que estemos conectados con el mundo, absorbiendo la misma basura que los incrédulos.

Hoy en día, el Cristiano común y corriente está viendo los mismos programas de televisión, leyendo los mismos libros, y viendo las mismas películas que la gente del mundo—y están obteniendo los mismos resultados. Están tan pobres y enfermos como los incrédulos de sus vecinos.

Si solamente metes basura a tu corazón, lo único que sacarás para tu vida será basura.

El estilo de vida moderno por medio del cual la gente se expone al pecado y a la carnalidad endurecerá tu corazón. Pone una capa de insensibilidad entre tú y Dios. Si tú quieres que tu corazón verdaderamente sea sensible a Dios, entonces tienes que revertir el proceso. Tienes que pasar más tiempo buscando a Dios que conectado a la basura que este mundo ofrece. Es así de simple.

Mucha gente sí cree que Dios tiene un mejor plan para su vida que lo que están experimentando. Saben que Dios quiere que estén sanos, que prosperen, y que vivan una vida abundante. Esas personas han estudiado la Palabra, van a la iglesia, y saben que por allí los aguarda una vida abundante. La mayoría de la gente se da cuenta de esas bendiciones, pero muy pocos han buscado a Dios hasta llegar al punto de que puedan recibir esos beneficios.

Dios no te está reteniendo Sus bendiciones esperando que verdaderamente te esfuerces. Lo que pasa es que tu corazón no es capaz de recibir las bendiciones de Dios cuando está endurecido en contra de Él. La solución es poner tu atención en Dios, y endurecer tu corazón en contra del mundo.

Yo fui vuelto a nacer cuando tenía ocho años de edad, pero cuando cumplí dieciocho años tuve un encuentro con Dios que cambió mi vida. Yo experimenté Su amor por mí, y después de eso me convertí en un fanático enamorado de Dios. Mi mamá pensó que yo estaba exagerando, y me inscribió para que me fuera de viaje a Europa con un grupo de jóvenes bautistas con la esperanza de que eso me ayudara a regresar a la realidad. Supongo que ella pensó que eso me daría una perspectiva diferente de la vida. Como crecí en Arlington, Texas, nunca me había expuesto a muchas de las cosas con las que me iba a topar.

La primera noche del viaje la pasamos en la ciudad de Nueva York. Yo nunca había visto la cantidad de pecado e inmoralidad que vi en la ciudad de Nueva York. Recuerdo que iba caminando por la calle 42, y había una fila de mujeres a lo largo de una pared. Yo no sabía qué estaban haciendo allí. Yo había vivido una vida tan protegida que nunca se me ocurrió que algunas mujeres vendieran sus cuerpos. Había escuchado algo, pero yo no pensaba nunca al respecto, así que no se me ocurrió cuál era la verdadera razón por la que esas mujeres estaban paradas en la calle. Caminé por esa calle y le hablé de Jesucristo a cada una de esas prostitutas. Les di unos folletos para evangelizar y les hablé del amor de Dios. Toda la calle se vació. Todas las prostitutas se fueron.

Estuve evangelizando en los callejones a unos grupos de jóvenes a las dos de la mañana, sin saber que eran miembros de pandillas. Un hombre trató de decirme algo acerca de unas muchachas, pero me estaba hablando con lenguaje callejero y con unas palabras con las que yo no estaba familiarizado. No entendía qué era lo que estaba tratando de decir. Habló conmigo por unos cinco o diez minutos, pero finalmente, levantó sus manos en un ademán de desdén y se marchó. Mi amigo tuvo que explicarme que ese hombre era un chulo que estaba tratando de venderme una prostituta.

Lo que quiero decir es que yo no fui tentado por las cosas que vi. No es que yo no supiera que hay pecado como el que encontré en la ciudad de Nueva York, pero nunca le había puesto mucha atención a eso. Nunca había meditado en ni acariciado esas cosas en mi mente. Tenía mi atención puesta en Dios. El resultado es que, mi corazón estaba endurecido contra el pecado, y nada de eso pudo tentarme en lo más mínimo.

Otra manera de explicar esto es que antes de llegar a cualquier lugar en la vida, primero tuviste que haber ido allí con tu mente. Imagínate que estás en un túnel subterráneo: tienes que excavar la roca o la tierra que está en frente de ti antes de que puedas avanzar. Solamente después de que has hecho un hueco puedes moverte. Igualmente, tú no puedes practicar la inmoralidad sexual sin antes haber pensado en ella. Tú no puedes vivir con pleitos, amargura, odio, miedo, o cualquier otra cosa sin que antes llegues a eso con tu mente.

Porque cual es su pensamiento en su corazón, tal es él. (Pr. 23:7). Cambia tu manera de pensar y cambiarás tu experiencia en la vida. Conforme tú descuides las cosas de este mundo y pongas tu atención en Dios, tu corazón se hará sensible a Él y empezarás a recibir todos los beneficios que son parte de tener una buena relación con Dios (la sanidad, el gozo, la paz, la prosperidad, y la unción, etc).

La razón por la que mucha gente no está experimentando el poder de Dios no es que no creen; es que están descuidando las cosas de Dios, y están muy ocupados con los asuntos de esta vida.

Los afanes de este siglo, y el engaño de las riquezas, y las codicias de otras cosas, entran y ahogan la palabra, y se hace infructuosa.

MARCOS 4:19

Jesucristo estaba describiendo un tipo de corazón. Cuando nuestros corazones están enfocados en los afanes de esta vida, el engaño de las riquezas, y las codicias de otras cosas, estas distracciones entran y ahogan la Palabra de Dios que ha sido plantada en nuestros corazones. Por ejemplo, sabemos que Dios quiere darnos una vida abundante con regocijo y paz, pero muchos creyentes no tienen alegría ni paz—porque los afanes de la vida, el engaño de las riquezas, y las codicias de otras cosas están ocupando todo su tiempo y su atención. Sus corazones se han endurecido y no están recibiendo de manera completa los beneficios del amor de Dios.

La cura para un corazón endurecido es la oración y el ayuno. Cuando los discípulos fracasaron y no pudieron echar al demonio fuera de un niño, Jesucristo les dijo que el problema era la incredulidad. Él no les dijo que necesitaban más fe, les dijo que necesitaban tener **menos** incredulidad (Mt. 17:20-21). Un corazón endurecido está dominado por la mente y los sentidos. La oración y el ayuno son una manera de reprimir la carne y sus deseos para que tu atención pueda estar en Dios. Esencialmente, sensibilizan tu corazón a Dios.

Para poder experimentar la plenitud de una relación positiva con Dios, tenemos que cambiar nuestro enfoque. Jesucristo nos ordenó que no nos preocupemos por los afanes de esta vida porque Él no quiere que apartemos la atención de lo que es verdaderamente importante; es decir, buscar el reino de Dios. Para tener un corazón sensible a Dios, tienes que pasar tiempo meditando en Su Palabra y considerando las cosas de Dios. Tus pensamientos no pueden estar dominados por los afanes de este mundo y por tus sentidos. Cambia tu manera de pensar, endurece tu corazón contra el mundo, y empezarás a experimentar la plenitud de la vida abundante que Dios desea para ti.

Materiales Complementarios en Inglés:

1. *Hardness of Heart* es un estudio de cuatro partes en audio disponible para escucharlo o bajarlo gratuitamente en http://www.awmi.net/extra/audio/1003

2. *The Hardness of Heart* es un libro de Andrew Wommack que trata con la crisis, la causa, y la cura de un corazón endurecido. Puedes conseguir una copia en las librerías o en nuestra tienda en línea en http://www.awmi.net/store/usa/books/303

3. *Lessons from David* es un estudio de cuatro partes en audio que hace un análisis de la vida de David, quien fue la única persona a quien el Señor llamó "varón conforme a mi corazón", y lo aplica de una manera práctica a nuestras vidas hoy. Está disponible para escucharlo o bajarlo gratuitamente en http://www.awmi.net/extra/audio/1041

4. *How to Prepare your Heart* es una serie de tres partes en audio que te enseñará lo que la Biblia dice respecto a clasificar nuestros afectos según su importancia y cómo hacerlo. Está disponible para escucharlo o bajarlo gratuitamente en http://www.awmi.net/extra/audio/100

16
EL EGOCENTRISMO: LA RAÍZ DE TODA LA TRISTEZA

Todos piensan que una enseñanza referente al egocentrismo no les concierne—siempre es para otra persona. Si tú estás vivo y respirando, tienes un ego, y puedo asegurarte que el "ego" es algo con lo que tienes que tratar. Nuestra cultura se ha vuelto muy egocéntrica. Es algo que ni siquiera se ve mal. De hecho, es algo que se promueve. La exaltación individual a la que la gente libremente se dedica, habría sido considerada como el colmo de la arrogancia hace unos 30 o 40 años. Sin embargo, contrariamente a los usos y costumbres populares, el egocentrismo no es una característica deseable.

Deberíamos esforzarnos para ser humildes, aunque con eso no quiero decir que nos convirtamos en un tapete y que le permitamos a la gente que nos humille. Tú puedes ser una persona segura, con unas convicciones muy firmes y también ser humilde. No quiero decir que yo ya resolví por completo el problema del egocentrismo en mi vida, porque la verdad es que nunca podemos ser totalmente liberados del "ego". El único camino para ser totalmente liberado del ego es la muerte. Hasta que eso suceda, tú vas a batallar para no ser egocéntrico, porque en la naturaleza del ego está el querer satisfacer sus deseos propios.

El problema de querer prevalecer sobre los demás es que terminas por lastimar a otras personas al ignorar sus necesidades. Jesucristo es nuestro ejemplo para vivir una vida santa, y él fue la persona más altruista que ha caminado en esta tierra. Jesucristo no se convirtió en hombre porque Él necesitara algo. Jesucristo se convirtió en hombre porque **nosotros** necesitábamos algo, y Él dio Su vida para salvarnos. Incluso cuando Él estaba en la cruz sufriendo terriblemente, dijo: "Padre, perdónalos, porque no saben lo que hacen" (Lc. 23:34). Debemos seguir el ejemplo de humildad de Jesucristo.

Deberíamos estimar a los demás como superiores a nosotros mismos (Fil. 2:3); pero no hay muchas personas que vean esto como una meta—mucho menos que traten de lograrla. Sin embargo las Escrituras enseñan que se espera de nosotros que amemos a las otras personas, y que pongamos la otra mejilla cuando nos critican (Mt. 5:39). Se supone que debemos **aguantar** cosas por el interés de otras personas, lo cual implica hacer algo que nuestra carne no quiere hacer.

Ya sea que te des cuenta o no, tu egocentrismo es la raíz de todas tus penas. El libro de los proverbios dice:

Ciertamente la soberbia concebirá contienda;[1] mas con los avisados está la sabiduría.

PROVERBIOS 13:10

La idea de que la soberbia es la verdadera fuente de la discordia en nuestras vidas es radicalmente diferente de lo que la mayoría de la gente piensa. Este versículo no dice que la soberbia es "una de" las principales causas de los conflictos o que lo es para ciertos tipos de personalidad. Dice que la soberbia es la *única* razón de la contienda. No hay otra causa, no hay otra razón, y no hay otra explicación

---

[1] N.T. El autor basa su argumento en la versión King James de la Biblia en inglés.

para la contienda. La Escritura también revela que la contienda es el comienzo de la discordia:

> *El que comienza la discordia es como quien suelta las aguas; deja, pues, la contienda, antes que se enrede.*
>
> **PROVERBIOS 17:14**

Tú no pasas así como así, en forma inmediata, de una vida llena de amor y armonía a la discordia. Lo haces por medio de un proceso progresivo, del cual la contienda es el primer paso. La soberbia y el egocentrismo llevan a la contienda, la cual le abre la puerta a la discordia. La mayoría de la gente piensa que se enojan por las cosas que los otros les dicen y les hacen. No creen que ellos mismos sean la causa de la discordia que hay en sus vidas, pero así es. Lo que los demás hacen no provoca la desavenencia—nuestro propio egocentrismo la provoca, y la soberbia es el origen de todo esto.

Un hombre me abordó una noche después de que yo había predicado acerca de esto. Él dijo que le había gustado mi mensaje, pero que no estaba de acuerdo. Me dijo que él había tenido mucha discordia en su vida, y que tenía problemas con la cólera, pero que él no tenía problemas con el orgullo. Él dijo que su problema era exactamente lo opuesto: él no tenía nada de autoestima ni confianza en sí mismo.

Lo que él no entendía es que la arrogancia es solamente una de las manifestaciones de la soberbia. La exaltación de uno mismo es una de las formas como el orgullo se manifiesta, pero la timidez y una baja autoestima también son manifestaciones del orgullo que empieza a asomar su fea cabeza. Son comportamientos opuestos, pero el origen de ambos es el mismo. Así como un palo tiene dos extremos, la arrogancia y la timidez son los extremos opuestos del mismo problema. La arrogancia, en su raíz, es precisamente egocentrismo, y ya sea que seas presumido o que rehúyas llamar la atención, la causa que está en la raíz de esto es la arrogancia. No importa si piensas que eres mejor que todos los demás, o si piensas que eres un don nadie, ambas actitudes son egocéntricas.

Moisés es un ejemplo notable de la humildad bíblica. Él escribió: "Y aquel varón Moisés era muy manso, más que todos los hombres que había sobre toda la tierra" (Nm. 12:3). Moisés guió a tres millones de judíos para sacarlos de Egipto; por lo tanto debe de haber habido varios millones de personas sobre la tierra en esa época, y Moisés era el más humilde de todos. Lo más impresionante es que Moisés escribió esta declaración sobre él mismo. Nos han enseñado un concepto religioso distorsionado respecto a la humildad que dice que debemos abatirnos y tener una baja autoestima; pero eso no es humildad. De acuerdo a esa manera de pensar, Moisés no pudo haber escrito que él era el hombre más humilde en la tierra y aun así ser humilde.

La mansedumbre no significa que tú nunca tienes algo bueno que decir de ti mismo. La verdadera humildad no consiste en aferrarte a una opinión sobre ti en un sentido o en otro. No debes exaltarte más de lo debido, ni debes denigrarte. La humildad simplemente es reconocer lo que es verdad.

La idea farisaica de la humildad es que debes hacerte el tímido pero nunca reconocer qué tan bueno crees realmente que eres. Es una actitud que en realidad está interrelacionada con el orgullo. Yo creo que un ejemplo de esto es el de la persona que se para enfrente de su congregación y dice: "Como ustedes saben, yo no tengo una buena voz pero Dios dice que de todas maneras cantemos con júbilo, así que por favor oren por mí hoy mientras hago el intento de cantar". Luego esa persona empieza a cantar y resulta que tiene una voz espectacular. Y después te enteras que esa persona estudió para ser cantante de ópera por diez años. La religión distorsionada aprobaría la manera como esa persona le restó importancia a sus talentos y capacidades, pero eso no es un ejemplo de la humildad. Minimizar la importancia de nuestras capacidades de esa manera es un intento de crear una baja expectativa, que sabemos que la podemos sobrepasar. De esa manera al terminar todos estarán muy impresionados por lo talentoso que somos. Es un intento de tratar de obtener elogios, o un esfuerzo para adaptarnos a la idea religiosa distorsionada de la humildad que se promueve hoy en día.

Trata de abordar a alguien como la persona de mi ejemplo y dile: "Sabes, tenías razón: tú no puedes cantar" y dile que estás de acuerdo con todas las cosas negativas que esa persona dijo. Muy pronto te darás cuenta de que en realidad no creían lo que estaban diciendo. Lo que sucede es que nos han enseñado que ser humilde significa denigrarnos a nosotros mismos.

La verdadera humildad significa que tú no tienes un plan para exaltarte. Tú no te exaltas a ti mismo ni te degradas, porque tu atención no está puesta en tu "ego". Una persona humilde no se preocupa por las opiniones de otros. Dios inspiró a Moisés a que escribiera que él era la persona más mansa del planeta y él lo hizo, porque su atención no estaba puesta en sí mismo. Como no era egocéntrico, él pudo expresar la verdad sin caer en la trampa de exaltarse a sí mismo.

Imagínate que estás sentado en un cuarto que está lleno con cien personas allí y alguien dice: "Vamos a orar y vamos a pedirle a Dios que nos revele quién es la persona más humilde en esta sala. Si Dios te dice que tú eres el más humilde, entonces ponte de pie y dilo". Alguien en esa sala tiene que ser la persona más humilde. Si el Señor te dijera que tú eres esa persona, ¿tendrías la suficiente humildad como para pararte y decirlo? Si considerar esa posibilidad hace que te preocupes por el qué dirán si te pones de pie, entonces estás poniendo tu atención en ti mismo. Eso es egocentrismo. Una persona humilde no es egocéntrica.

La soberbia, en esencia, es egocentrismo. En general la iglesia nada más ha criticado la arrogancia como orgullo, pero la baja autoestima y denigrarse a uno mismo también son manifestaciones de la soberbia. Ambos son ejemplos del egocentrismo y de preocuparse por las opiniones de los demás.

Puedo decirlo con mucha certeza porque cuando yo era un adolescente era un introvertido extremo. Ni siquiera podía ver a la gente directamente a los ojos al hablar. Yo era extremadamente tímido. Alguien podría decir: "Pues bien, ésa era tu personalidad". No, era egocentrismo. La vergüenza, o la timidez, son el egocentrismo extremo— es otra manifestación del orgullo aparte de la arrogancia. Yo puedo decirte qué era en lo que yo pensaba que me hacía actuar con timidez: siempre estaba pensando en mí, y en lo que la gente pensaba de mí. Tenía tanto miedo de que la gente me criticara que no era espontáneo para hablar con la gente. Me daba miedo correr el riesgo de decir algo tonto.

He conocido muchas personas a las que Dios ha liberado de manera milagrosa de cosas terribles. Dios ha restaurado sus matrimonios, los ha librado de la enfermedad, o les ha proveído de dinero, pero no quieren tomar la palabra enfrente de un grupo de personas para platicar de eso porque son muy tímidos. No quieren tomar la palabra y dar su testimonio porque están preocupados por lo que la gente pudiera pensar. Tienen una revelación de Dios en algún área que podría transformar las vidas de las personas, pero como su atención está puesta en sí mismos eso les impide ayudar a otros. El temor a las opiniones de otras personas y el temor a la vergüenza son el egocentrismo. Es uno de los instrumentos que Satanás usa para mantener a la gente en esclavitud. Tú puedes describir la soberbia con diferentes palabras, pero el meollo del asunto es que es egocentrismo.

Las cosas que la gente nos dice y nos hace no es la causa de que nos enojemos y nos amarguemos; es nuestro orgullo y lo absortos que estamos con nosotros mismos lo que nos hace reaccionar de esa manera. Jesucristo dijo:

Si alguno quiere venir en pos de mí, niéguese a sí mismo, y tome su cruz, y sígame.

MARCOS 8:34

Una cruz es algo en lo que mueres. "Tomar" nuestra cruz quiere decir que se supone que debemos ser indiferentes a nosotros mismos y debemos seguir a Jesucristo. La razón por la que nos duele tanto cuando la gente nos insulta o nos critica es que no hemos renunciado a nosotros mismos. Nos apesadumbramos por los insultos y atizamos el fuego hasta que nos convencemos de que el culpable nos ha infligido una gran injusticia. A nadie le gusta que lo traten mal, pero en realidad es nuestra propia soberbia la que hace que nos sintamos tan lastimados. Si tú te has hecho indiferente a ti mismo, la gente puede insultarte todo lo que quiera y no te molestará en lo más mínimo. Tú puedes ir a la morgue, sacar un cadáver y escupirle a la cara, insultarlo, o agredirlo cuanto quieras—no va a reaccionar. Los muertos son indiferentes a las ofensas.

Jesucristo nos mostró un modelo para dar preferencia a los demás. Estando en la cruz, Jesucristo le pidió al Padre que perdonara a los que lo habían crucificado (Lc. 23:34). Él estaba más preocupado por esas personas que centrado en Su propia situación. Esa actitud es algo fuera de lo normal, pero la Biblia dice que la obras que Jesucristo hizo también deberíamos hacerlas nosotros (Jn. 14:12). Así que, deberíamos imitar la actitud altruista de Jesucristo en vez de aceptar una cultura de egocentrismo.

La ausencia total de egoísmo es un nivel de perfección que no se puede alcanzar en esta vida, pero podemos empezar a movernos en esa dirección. Yo no he llegado a la meta del altruismo, pero ya arranqué.

En la época en que estaba pastoreando una iglesia pequeña en Colorado, había un diácono en mi iglesia que estaba difundiendo unos rumores muy desagradables acerca de mí. Él dijo que yo era un mentiroso, que estaba robando dinero de la iglesia, que consumía drogas, y que estaba cometiendo adulterio. Yo lo confronté por las cosas que él estaba diciendo, pero sus mentiras no me ofendieron mucho. Yo sabía que nada de eso era verdad, y yo realmente apreciaba a ese hombre, así que básicamente lo que hice fue orar por él.

Casi una semana después de que oré por él, pasé manejando enfrente de su negocio con mi esposa. Me metí al estacionamiento y le pregunté a mi esposa si quería ir conmigo para platicar con él. "¡No!" contestó, "no quiero ir a verlo". Así que, entré a su negocio y hablé con él por un rato, pero él me trato con frialdad. Cuando regresé, le dije a Jamie: "Algo está mal. Se portó muy descortés". Jamie se me quedó viendo confundida por un momento y después preguntó: "¿No te acuerdas qué fue lo que sucedió la semana pasada?"

Se me había olvidado por completo. Jamie tuvo que recordarme que él había estado difundiendo rumores respecto a mí por todo el pueblo con el propósito de correrme de la iglesia. Fue porque lo apreciaba y estaba preocupado por él que me había olvidado de las cosas que él dijo. El amor hará que actuemos de una manera diferente a la del mundo.

> *El amor es sufrido, es benigno; el amor no tiene envidia, el amor no es jactancioso, no se envanece; no hace nada indebido, no busca lo suyo, no se irrita, no guarda rencor.*

1 CORINTIOS 13:4-5

La clase de amor que Dios nos concede ni siquiera se da cuenta de un mal recibido. Cuando tú pienses más en la otra persona que en ti mismo, no serás lastimado. No le darás a las cosas la importancia que la mayoría de la gente les da. Hoy nuestra cultura está tan alejada de principios santos que ni siquiera nos damos cuenta de lo equivocado que estamos respecto a lo que muchos de nosotros consideramos como un comportamiento normal. La mayoría de la gente es egoísta al máximo, y le darían una puñalada trapera a cualquiera para conseguir lo que quieren. Quizá eso es normal en nuestra cultura, pero Dios no quiere que actuemos de esa manera.

Cuando tú empiezas a amar más a los demás, y a preocuparte por sus necesidades, tú te haces indiferente a ti mismo. Tú dejas de enojarte cada vez que alguien te insulta. Deshacerte del egocentrismo es como desactivar una bomba: tú ya nunca más explotarás de cólera. Puedes continuar odiando el pecado y el daño que le trae a la gente, paro ya no te ofenderás de la misma manera cuando alguien te lastime. La cólera simplemente es otra manifestación de la soberbia. No proviene de tu herencia genética, y tú no fuiste creado para actuar así. La cólera es el resultado del egocentrismo.

Aparte del asunto de enojarse con otros, también está el de echar la culpa. Adán empezó todo esto en el jardín. Cuando Dios hablo con Adán después de que comieron del fruto del árbol de la ciencia del bien y del mal y le preguntó qué era lo que había pasado, Adán contestó: Señor, es la mujer que **Tú** me diste (Gn. 3:12). Él señaló a Eva, y ¡después trató de echarle la culpa a Dios por eso! Hay muchas personas que nunca han aceptado la responsabilidad de nada. ¡Nunca es su culpa! La culpa siempre es de los demás.

Es parte de la naturaleza de pecado el hecho de que nacemos en este mundo siendo egoístas. Un bebé es la criatura más egoísta del planeta. Cuando un bebé tiene hambre, llora y grita hasta que lo alimentan. Cuando eras un bebé, a ti no te importaba cuánto trastorno causaban tus berrinches a tu alrededor, porque solamente estabas pensando en ti. El problema es que algunos de nosotros nunca hemos sobrepasado ese egoísmo. Si no lo has hecho, es posible que tú seas un consentido de treinta, cuarenta o cincuenta años—que todavía está llorando y gritando para salirse con la suya. Quizá has desarrollado métodos más sofisticados que los berrinches, pero si eres egocéntrico, todavía estás haciendo rabietas.

Como seguidores de Jesucristo, ya es tiempo de madurar. No podemos controlar la manera como otras personas nos tratan, pero sí podemos controlarnos a nosotros mismos. El egocentrismo es el origen de la tristeza en nuestras vidas, y la Palabra de Dios dice que si tú quieres ser libre de la discordia y la amargura tienes que renunciar a ti mismo y que debes seguir a Jesús. Pon tu atención en Dios y ama a Dios más de lo que te amas a ti mismo. Cuando llegues al punto de amar a Dios y de recibir Su amor por ti, el amor sin egoismo que Jesucristo expresó fluirá a través de ti hacia otras personas. Notarás una diferencia en tu actitud. Busca primero a Dios, y ama a otras personas más que a ti mismo. Conforme lo haces, la pena y el dolor en tu vida empezarán a evaporarse.

ACERCA DEL AUTOR

Por más de tres décadas Andrew ha viajado por los Estados Unidos y por el mundo enseñando la verdad del Evangelio. Su profunda revelación de La Palabra de Dios es enseñada con claridad, simplicidad, enfatizando el amor incondicional de Dios y el equilibrio entre la gracia y la fe. Llega a millones de personas a través de sus programas diarios de radio y televisión *La Verdad del Evangelio*, transmitidos nacional e internacionalmente.

Fundó la escuela *Charis Bible College* en 1994 y desde entonces ha establecido extensiones del colegio CBC en varias ciudades principales de América y alrededor del mundo. Andrew ha producido una colección de materiales de enseñanza, disponibles en forma impresa, en formatos de audio y video. Y, como ha sido desde el inicio, su ministerio continúa proporcionando cintas de audio y CDS gratuitos a todos aquellos que no pueden adquirirlos.

Para mayor información escríbenos o llámanos:

Ministerios Andrew Wommack, Inc.
P.O. Box 3333 • Colorado Springs, CO 80934-3333

Línea de ayuda (para solicitud de materiales y oración):
(719) 635-1111
Horas: 4:00 AM a 9:00 PM MST

O visítalo en la Internet:
www.awmi.net

RECIBE A JESUCRISTO COMO TU SALVADOR

¡Optar por recibir a Jesucristo como tu Señor y Salvador es la decisión más importante que jamás hayas tomado!

La Palabra de Dios promete: **"Si confesares con tu boca que Jesús es el Señor, y creyeres en tu corazón que Dios le levantó de los muertos, serás salvo"** (Ro. 10:9-10). **"Todo aquel que invocare el nombre del Señor, será salvo"** (Ro. 10:13).

Por su gracia, Dios ya hizo todo para proveer tu salvación. Tu parte simplemente es creer y recibir.

Ora en voz alta: **"Jesús, confieso que Tú eres mi Señor y mi Salvador. Creo en mi corazón que Dios te levantó de entre los muertos. Por fe en Tu Palabra, recibo ahora la salvación. ¡Gracias por salvarme!"**

En el preciso momento en que entregaste tu vida a Jesucristo, la verdad de Su Palabra instantáneamente se lleva a cabo en tu espíritu. Ahora que naciste de nuevo, hay un Tú completamente nuevo.

RECIBE AL ESPÍRITU SANTO

Como Su hijo que eres, tu amoroso Padre Celestial quiere darte el poder sobrenatural que necesitas para vivir esta nueva vida.

Todo aquel que pide, recibe; y el que busca, halla; y al que llama, se le abrirá...Si vosotros... sabéis dar buenas dádivas a vuestros hijos, ¿cuánto más vuestro Padre celestial dará el Espíritu Santo a los que se lo pidan? Lc. 11:10,13

¡Todo lo que tienes que hacer es pedir, creer y recibir!

Ora: **"Padre, reconozco mi necesidad de Tu poder para vivir esta nueva vida. Por favor lléname con Tu Espíritu Santo. Por fe, ¡lo recibo ahora mismo! Gracias por bautizarme. Espíritu Santo, eres bienvenido a mi vida".**

¡Felicidades! ahora estás lleno del poder sobrenatural de Dios. Algunas sílabas de un lenguaje que no reconoces surgirán desde tu corazón a tu boca (1 Co. 14:14). Mientras las declaras en voz alta por fe, estás liberando el poder de Dios que está en ti y te estás edificando en el espíritu (1 Co. 14:14). Puedes hacer esto cuando quieras y donde quieras.

Realmente no interesa si sentiste algo o no cuando oraste para recibir al Señor y a Su Espíritu. Si creíste en tu corazón que lo recibiste, entonces La Palabra de Dios te asegura que así fue. **"Por tanto, os digo que todo lo que pidiereis orando, creed que lo recibiréis, y os vendrá"** (Mr. 11:24). Dios siempre honra Su Palabra; ¡créelo!

Por favor, escríbeme y dime si hiciste la oración para recibir a Jesús como tu Salvador o para ser lleno del Espíritu Santo. Me gustaría regocijarme contigo y ayudarte a entender más plenamente lo que ha sucedido en tu vida. Te enviaré un regalo que te ayudará a entender y a crecer en tu nueva relación con el Señor. "¡Bienvenido a tu nueva vida!"

Printed in Great Britain
by Amazon